MES
在智能制造中的应用与实践

广州高谱技术有限公司 ■组编　贾林斌　陈斌 ■主编

人民邮电出版社

北京

图书在版编目（CIP）数据

MES在智能制造中的应用与实践 / 广州高谱技术有限公司组编；贾林斌，陈斌主编. — 北京：人民邮电出版社，2022.1
ISBN 978-7-115-57542-5

Ⅰ. ①M… Ⅱ. ①广… ②贾… ③陈… Ⅲ. ①制造工业－工业企业管理－计算机管理系统 Ⅳ. ①F407.406.14

中国版本图书馆CIP数据核字(2021)第201635号

内 容 提 要

本书基于作者15年在世界500强企业及国内领先企业的实践，以MES应用为出发点，通过对MES在工业4.0、智能制造中的定位，MES的发展及行业应用现状和未来趋势等方面的详细叙述，从MES系统设计与功能角度，进一步探讨如何把握系统设计原则，如何充分了解行业特点与MES功能应用的关系，对MES的十多个核心功能模块做了示例和说明。本书还包括MES系统的实务操作、行业应用案例，以及MES在高校的教学和实训等方面的应用。

本书包含大量优秀企业应用MES的宝贵经验，易读、易懂，可以帮助读者快速了解并掌握相关知识和要点，可作为广大从业者的案头参考书，也可以作为高校、培训机构的教材。

◆ 组　　编　广州高谱技术有限公司
　　主　　编　贾林斌　陈　斌
　　责任编辑　李永涛
　　责任印制　王　郁　彭志环
◆ 人民邮电出版社出版发行　北京市丰台区成寿寺路11号
　　邮编　100164　电子邮件　315@ptpress.com.cn
　　网址　https://www.ptpress.com.cn
　　北京天宇星印刷厂印刷
◆ 开本：787×1092　1/16
　　印张：13.75　　　　　　　　2022年1月第1版
　　字数：325千字　　　　　　　2025年1月北京第7次印刷

定价：108.00元

读者服务热线：(010)81055410　印装质量热线：(010)81055316
反盗版热线：(010)81055315
广告经营许可证：京东市监广登字 20170147 号

序

目前,我国制造业创新和转型升级提速,智能制造焕发出前所未有的活力,在越来越多的行业取得了丰硕的成果。

智能制造需要"软"和"硬"结合。一方面需要核心装备技术领域"硬件"技术突破,另一方面需要工业"软件"的研发和不断升级优化。在数字化、物联网、人工智能时代,工业软件被重新定义和认知,制造执行系统(MES)成为面向数字化、智能化工厂的工业软件的核心组成部分。制造企业通过 MES 可以实现原材料→生产→客户的价值链与设计→生产→产品的制造链的集成,MES 成为数字化工厂的"神经中枢",受到高度关注。

本书融合国内、国外制造业标杆企业的优秀管理经验和 MES 实践经验,以管理理念、数字化建设领先企业的 MES 应用为案例,系统性地介绍了 MES 的知识、管理思想和基本架构。特别是针对不同行业的特点、应用场景、管理及核心技术,较详细地介绍了 MES 的整体架构设计、功能设计、数据处理技术等方案模型。

本书图文并茂,可以让从业者或在校学生迅速认识和了解 MES 的核心思想和架构,与此同时,对工业软件研发人员具有重要的指导意义。当前,我国处在由工业大国向工业强国快速迈进的征程中,需要大批既掌握数字化、智能化技术,又具备工艺流程分析、系统化管理思维的复合型技术人才。相信本书的出版,会对智能制造 MES 技术的研究和发展起到积极的作用,对从事智能制造的专业人员亦具有参考价值,对应用型大学和高职院校的智能制造相关专业人才培养也具有教学参考意义。

诚然,一本书的出版,不可能面面俱到,但是我们更希望看到越来越多的从业者和教育工作者能加入智能制造工业软件的应用推广中来,通过知识的传递与案例的分享,为工业领域数字化、智能化技术人才的培养提供更多的宝贵经验。

深圳职业技术学院教授　陈红
2021 年 6 月

前 言

我国是制造业大国，随着我国在制造领域的国际地位的提升，我国正在逐渐向制造强国迈进。制造业如何提升效率、降低人工成本，使产品更好地满足越来越复杂的个性化的需求，以及快速响应，成为制造业变革的主题。在全球范围内掀起的工业互联网的浪潮，加速了国家的整体布局，我国亦从顶层设计方面，推动了产业的发展和升级，加快了制造业群体转型创新的步伐。

在制造企业转型的初级阶段，自动化和信息化的融合成为主流，未来结合互联网、物联网、人工智能、大数据、工业App等技术与应用，将会帮助企业在智能制造、智能工厂的建设中取得坚实的成果。

作为工业软件核心应用系统的MES，即制造执行系统，变得越来越重要。近年来，MES软件的技术与应用逐渐成为制造业的热点。

随着智能制造的兴起和持续发展，工业软件重新被定义和认知，MES成为数字化工厂、智能工厂的核心组成部分，其中，MES在智能制造、智能工厂中的应用，受到前所未有的关注。本书融合国内外制造业众多标杆客户的实践和优秀管理经验，以领先的管理理念、数字化建设标杆企业的MES应用为出发点，系统性地对MES做了相关介绍，分享了MES领域丰富的知识和宝贵经验。

与其他信息系统最大的不同是，由于不同行业制造过程的差异，MES在不同行业的应用有比较大的区别，包括数据采集方式、制程控制方法和要求方面的区别，如离散制造和流程制造就是行业间较为宏观的区分，另外还有混合型的制造形态等。虽然在不同的行业，MES建模及应用重点有区别，但都是围绕工厂产能、质量、效率、智能化、柔性化等展开的。目前，MES和自动化、物联网结合，已经在半导体、电子制造、汽车制造、能源化工、食品医药、机械装备制造、服饰鞋业等行业有逐步深入的应用，越来越多的企业正在关注并考虑部署MES。MES未来应用前景广阔，人才缺口巨大。部分行业的MES应用才刚刚萌芽，有着巨大的应用空间和潜在价值。

全书分为6章，各章内容简要介绍如下。
- 第1章：从全球工业发展角度，探讨制造业发展趋势和相关技术，特别是未来工业4.0、智能制造的相关内涵，引出MES在智能制造中的定位。
- 第2章：主要介绍MES自身的发展历史和背景、在各个行业的应用特点和现状，以及未来MES发展的延伸等。
- 第3章：从MES的设计及架构方面，介绍MES设计的理念、思路、原则，同时对MES的功能做简要介绍和应用举例。

- 第 4 章：以 MES 为核心，重点从操作流程、功能、管理要点等实务方面展开，为 MES 的管理者和开发者提供参考。
- 第 5 章：通过 MES 在企业中应用的案例，介绍企业建设 MES 的思路和获得的效益，以及通过 MES 如何实现管理提升和创新。
- 第 6 章：针对高校教育，通过介绍工业 4.0 实训、智能制造生产线实训，使读者对 MES 应用有更深入的认识和理解。

本书覆盖面广，重点突出，图文并茂，对于行业从业者或感兴趣的读者来说，是一本非常好的参考书，对专业领域的研究者来说，也可以抛砖引玉。

由于时间仓促，本书内容难免挂一漏万，还请广大读者和专业人士批评指正。欢迎您发邮件至 jialinbin@me.com 反馈您的宝贵意见。您的宝贵意见，将成为我们前进的动力。

编者

2021 年 6 月

目　　录

第1章　引言 1
  1.1　工业4.0的背景 1
  1.2　工业4.0的核心技术 3
  1.3　智能制造与智能工厂 6
      1.3.1　智能制造 6
      1.3.2　智能工厂 7
  1.4　工业软件在智能制造中的价值 10
      1.4.1　智能工厂的体系架构 10
      1.4.2　工业软件MES在智能工厂中的定位 12

第2章　MES的背景及行业应用 14
  2.1　MES的概念及发展 14
      2.1.1　MES的概念 14
      2.1.2　MES的发展 14
      2.1.3　企业为何要构建MES 18
  2.2　MES在行业中的应用 21
      2.2.1　离散行业的特点 22
      2.2.2　离散行业MES应用核心及特点 23

第3章　MES设计与规划 28
  3.1　MES设计与架构 28
      3.1.1　MES管理思想和要素 28
      3.1.2　基于MOM的MES设计 30
  3.2　MES功能概述 33
      3.2.1　工厂建模 34
      3.2.2　生产工单 35
      3.2.3　组装 36
      3.2.4　作业指导书 38
      3.2.5　测试 40
      3.2.6　维修管理 41
      3.2.7　返工管理 43
      3.2.8　包装 43
      3.2.9　仓储管理 44
      3.2.10　外协生产 49
      3.2.11　生产过程追溯的要点 50
      3.2.12　全面质量管理 52
      3.2.13　IQC（来料质量控制）管理 52

3.2.14　IPQC（制程质量控制）管理 53
3.2.15　成品质量控制 53
3.2.16　出货质量控制 53
3.2.17　统计过程控制 53
3.2.18　设备管理 54
3.2.19　看板管理 55
3.2.20　与其他系统、自动化集成 57

第4章　MES实务操作 59
4.1　MES操作 59
4.1.1　系统管理 59
4.1.2　基础管理 66
4.1.3　仓库管理 80
4.1.4　生产管理 91
4.1.5　绩效管理 101
4.1.6　品质管理 104
4.1.7　设备管理 111
4.1.8　报表管理 122
4.2　MES部署及网络架构 136
4.3　系统硬件环境配置要求 137
4.3.1　硬件配置方案 138
4.3.2　Web服务器配置要求 139
4.3.3　PDA服务器配置要求 140
4.3.4　Job服务器配置要求 141
4.3.5　服务器放置的物理环境及温度、湿度要求 142
4.3.6　客户端软硬件配置要求 142
4.3.7　网络配置要求 143
4.3.8　高可用性方案 143
4.3.9　数据备份方案 144
4.3.10　数据迁移策略 145

第5章　MES在企业中的应用 146
5.1　企业智能制造规划 146
5.2　企业如何规划部署MES 148
5.2.1　MES建设目标 148
5.2.2　企业需求分析框架 150
5.2.3　企业MES业务架构与功能设计 152
5.2.4　企业MES案例一（发动机再制造装配企业） 153
5.2.5　企业MES案例二（电子组装企业） 167
5.3　企业MES应用效益 183

第6章　MES在高校教育中的实验与实训 185
6.1　高校教育对人才的要求 185
6.1.1　人才培养趋势 186
6.1.2　人才的要求及培养方法 186
6.2　MES工业软件在实验室的应用 187
6.2.1　工业4.0、智能制造实训室建设背景 187
6.2.2　工业4.0实训室设计目标与原则 188
6.2.3　工业4.0实训室设计内容 189
6.2.4　以MES工业软件为核心的实训室设计 190

6.3　MES在实训室的应用及技能培养 190
6.4　MES规划与应用 192
6.5　MES教材、教学资源 193
6.6　MES实训课程与教学目标概述 194
6.7　MES课程内容 195

附录 197
　　附录1　MES工业软件功能说明（3C行业）............. 197
　　附录2　术语解释 208

参考文献 210

第 1 章 引 言

工业 4.0 已在全球范围内得到了广泛认可并取得了长足发展,通过对工业 4.0、工业互联网、智能制造的发展及背景的了解,深刻认识这一变革的到来并参与其中,是广大从业者的必经之路。MES(制造执行系统)是智能制造、智能工厂的核心组成部分,也是本书重点介绍的内容。

1.1 工业 4.0 的背景

工业 4.0 发源于德国,它的提出最早可追溯到 2011 年。2013 年的汉诺威工业博览会上,德国正式对外发布了工业 4.0 的报告,标志着工业 4.0 的正式发起。德国工业 4.0 的目的是通过应用数字化、智能化、物联网等新技术提高德国的制造业水平,进一步强化德国工业的竞争力。

工业 4.0 是在网络、计算机技术、信息技术、软件与自动化技术的深度交汇下,产生的新价值模型。在制造领域,资源、信息、物和人构成相互关联的虚拟网络——信息物理系统(CPS,Cyber-Physical System),这种新的模式受到了前所未有的重视。2014 年,美国电话电报公司(AT&T)、思科(Cisco)、通用电气(GE)、美国商用机器公司(IBM)和英特尔(Intel)5 家公司在美国波士顿宣布成立了工业互联网联盟(IIC,Industrial Internet Consortium),以期打破技术壁垒,促进物理世界与数字世界的融合,构建自己的新技术体系和把握制高点。美国倡导的工业互联网是将智能设备、人和数据连接起来,并以智能的方式利用这些数据,实现最终的融合,与德国的工业 4.0 有很多相同的地方。美国工业互联网的发展更偏向于软件、网络、数据等对工业整体实力的增强。

工业 4.0 的本质是数据,包括产品数据、运营数据、产业链数据、外部数据等。相关技术包括智能机床、工业自动化、工业互联网、高端机器人、射频识别(RFID,Radio Frequency Identification)、传感器、3D 打印、人工智能等。

工业 4.0 不是一个新的概念,而是整个工业制造通过不断革新与进步,达到的新的发展水平。

工业革命所经历的 4 个阶段如下页图所示。

18世纪60年代至19世纪40年代	19世纪60年代至20世纪初	20世纪50年代至21世纪初	2010年以后
第一次工业革命：动力机	第二次工业革命：工业化	第三次工业革命：电子自动化	第四次工业革命：智能自动化
• 1784年动力织布机问世 • 引入以水和蒸汽为动力的机械生产设施	• 1870年屠宰场引进流水线 • 电气化推动多个行业进入大规模生产阶段	• 1969年首台可编程逻辑控制器（PLC）问世 • 广泛运用电子和信息技术，以实现自动化生产	• 广泛运用信息物理系统（CPS） • 2011年1月，德国联邦政府推出工业4.0并将其列入"未来项目" • 随着第六版互联网协议（IPv6）于2012年问世，无限制的虚拟地址空间可供使用 • 政府、私营企业及行业协会一直高度关注工业4.0，并自2010年起加大投资

- 第一次工业革命引发了产业的巨大变化和革新，特别是生产型、制造型产业，蒸汽时代的到来促进了机械化生产的发展。这一时期用的是最简单的机械和工具，因为没有自动化、流水线的生产，产品质量参差不齐，生产效率也比较低。
- 第二次工业革命以爱迪生发明电灯、电力运用和以福特公司为首的流水线生产为标志，生产效率大大提升，分工协作开始出现。
- 第三次工业革命，制造业逐步建设了自动化生产线和IT信息化系统，就是通常所理解的通过工业控制系统，使相关的机械设备按照一定的规则完成相关指令。到工业3.0时代，许多工厂已经实现全面自动化或机器人代替人作业，工人数量大大减少，产量和产品可靠性得以大幅提升。
- 第四次工业革命更关注如何将信息技术和生产技术融为一体，从信息物理系统的角度讲，互联网、物联网、云端都可以被充分应用，大大拓展了工业制造的方式和空间。

工业4.0不是单独意义上的机器人、自动化或信息化系统水平的体现，它更是在生产过程中通过数据的采集与处理，实现机器与人、机器与机器之间的信息传递，甚至是机器的自我深度学习，实现生产过程的智能化。

工业4.0的发展不可能一蹴而就，而是统一规划、逐渐提升、不断优化的过程。首先，必须了解自己企业所属的行业的特点，工厂的核心制造流程、核心工艺，以及当前的信息化、自动化水平，然后借助行业标杆的实践经验，制定一个完整的、系统的、可执行的、长期的建设路线。

在工业4.0背景下，未来工业企业对人会有更多、更高的要求，员工不再像过去一样做重复劳动，而是被培养成能够掌握智能化系统的人才。同时，机器不能完全替代人，有很多具有危险性、重复性且效率低的工作，机器可以协助人来完成。

1.2 工业4.0的核心技术

工业4.0已经被看作制造业和工业面向未来的世界性运动。新型数字工业技术的兴起，是由多项技术的进步驱动的。以下8项工业领域的新技术被看作工业4.0的支柱，构成了工业4.0的核心技术。

一、信息物理系统（CPS）

信息物理系统是集计算、通信与控制于一体的下一代智能系统。在工业4.0体系中，传统的工厂将因为应用CPS等技术成为数字化工厂、智能工厂，这将促使工厂的生产力大大提升，其生产的柔性也将大幅提高，一条生产线可以实现更多型号的产品的生产，从而最终实现大规模个性化生产的目的。因此，CPS在工厂的应用是智能工厂的重要组成部分。下图所示为一条结合了多种技术的智能化生产线。

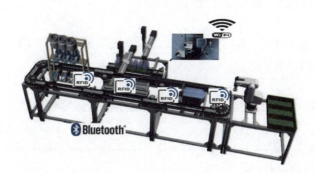

二、云计算

云计算是分布式计算、并行计算、效用计算、网络存储、虚拟化、负载均衡、热备份冗余等传统计算机和网络技术发展融合的产物。

云计算改变了应用多年的基于客户端—服务器架构的IT体系结构，这是一种巨变。云计算让存储在本地的应用程序或服务连接到物联网变为可能。云计算的一些基本特征如下图所示。

三、大数据分析

基于大数据的分析模式未来会在全球制造业大量应用，它的优势在于能够优化产品质量，节约能源，提高设备服务水平。通过收集、存储、管理和分析这些数据，可以为企业精准决策和创造新价值提供支持。

四、网络安全技术

随着互联网技术应用的不断普及，工业4.0时代，连接性会增强，网络安全威胁也会加剧，企业的核心数据及其他工业系统、机器设备和核心信息都需要被充分保护，以免遭受网络攻击。

五、增材制造/3D打印

增材制造（AM，Additive Manufacturing）是采用材料逐渐累加的方法制造实体零件的技术，相对于传统材料去除—切削加工的技术，是一种"自下而上"的制造方法。

3D打印（3DP）是快速成型技术的一种，它是一种以数字模型文件为基础，运用粉末状金属或塑料等可黏合材料，通过逐层打印的方式来构造物体的。下页图所示为3D打印的产品构件。

六、增强现实

增强现实技术（AR，Augmented Reality）将虚拟的信息应用到真实世界，真实的环境和虚拟的物体实时地叠加在同一个画面上或空间中，同时存在。由于其具有能够对真实环境进行增强显示的特性，其在医疗研究与解剖训练、精密仪器制造和维修、军用飞机导航、工程设计和远程机器人控制等领域，具有比虚拟现实技术（VR，Virtual Reality）更加明显的优势。

七、机器人、人机交互

工业机器人是面向工业领域的多关节机械手或多自由度的机械装置，它能自动执行工作，靠自身动力和控制能力来实现各种功能。工业机器人是智能制造的重要组成部分。下图所示为机器人工作站，负责完成自动识别和加工。

人机交互未来会越来越多地应用在生产场景中：通过人机界面（HMI，Human Machine Interface）连接可编程的PLC、仪表、直流调

速器等设备，利用触摸屏、输入单元写入工作参数和操作指令，实现人与机器的信息交互等。

八、人工智能

人工智能（AI，Artificial Intelligence）越来越多地用于制造业中的生产制造过程、质量控制环节，核心价值就是缩短设计时间，减少材料浪费，提高生产再利用率。例如，利用 AI 在图片识别技术上的优势，可以快速分析产品的缺陷，完成零件的检查等。

1.3 智能制造与智能工厂

要使智能制造、智能工厂的技术与应用渗透到多个行业和领域，工业软件的发展和应用尤为重要，本节将重点介绍相关技术的整合和应用。

1.3.1 智能制造

智能制造是新工业革命的核心，通过产品智能化、生产智能化、服务智能化来实现制造业的价值最大化。同时又是一次全流程、端到端的转型过程，会使研发、生产、产品、渠道、销售、客户管理等一整条生态链发生剧变。工业企业在制造环节，依然可以以规模化、标准化、自动化为基础，同时还可以被赋予柔性化、定制化、可视化、低碳化等新特性；商业模式也会发生颠覆性的变化——生产者影响消费者的模式逐渐被消费者需求决定产品设计、生产的模式取代。在国家层面，则需要建立一张比消费互联网更加安全可靠的工业互联网。下页图是工业 4.0 研究院对智能产品和智能工厂的归纳。

智能制造作为广义的概念，包含产品智能化、装备智能化、生产智能化、管理智能化和服务智能化 5 个方面。

（1）产品智能化。产品智能化是把传感器、处理器、存储器、通信模块、传输系统融入各种产品，使产品具备动态存储、感知和通信能力，实现产品可追溯、可识别、可定位。

（2）装备智能化。如高端数控机床与基础制造装备、自动化成套生产线、智能控制系统、精密和智能仪器仪表与试验设备、关键基础零部件、元器件及通用部件等，这些具备感知、分析、推理、决策、控制功能的制造装备可以更好地实现生产过程自动化、智能化、精密化、绿色化，促进工业整体技术水平的大幅提升。

（3）生产智能化。个性化定制、小批量生产、服务型制造及云制造等新业态、新模式，其本质是在重组客户、供应商、销售商及企业内部组织的关系，重构生产体系中信息流、产品流、资金流的运行模式，构建新的产业价值链、生态系统和竞争格局等。

（4）管理智能化。随着纵向集成、横向集成和端到端集成的不断深入，企业数据的实时性、完整性、准确性不断提高，必然使管理更准确、更高效、更科学。

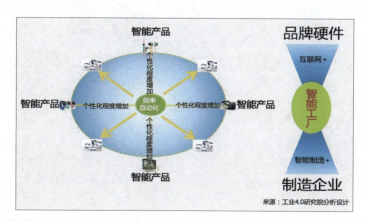

（5）服务智能化。智能服务是智能制造的核心内容，越来越多的制造企业已经意识到从生产型制造向生产服务型制造转型的重要性。将来，一方面，传统制造业会不断拓展服务；另一方面，消费互联网将融入产业互联网，如微信、工业 App 未来连接的不仅是人，还会在设备和设备、服务和服务、人和服务之间建立连接等。

1.3.2 智能工厂

智能工厂是现代工厂信息化发展的新阶段，能使人们在数字化工厂的基础上，利用物联网技术、设备监控技术加强信息管理和服务，清楚地掌握产销流程，提高生产过程的可控性；减少生产线上的人工干预，即时、准确地采集生产线数据，以合理安排生产计划与生产进度；通过绿色智能手段和智能系统等新兴技术的运用，构建一个高效节能、绿色环保、环境舒适的人性化工厂。下图所示为思科的智能工厂、数字化工厂模型。

智能工厂一般具有以下三大特征。

（1）信息基础设施高度互联，包括生产设备、机器人、操作人员、物料、网络等。

（2）有实时系统，可以及时进行信息传输和对接。

（3）从柔性化、敏捷化、信息化逐步到智能化，是智能工厂的发展趋势。智能化阶段，工厂能够应对外部环境的变化，具备自我调整的能力，能够快速响应市场和消费者的个性化需求，实现多品种、小批量生产，同时进一步降低成本，提高效率。

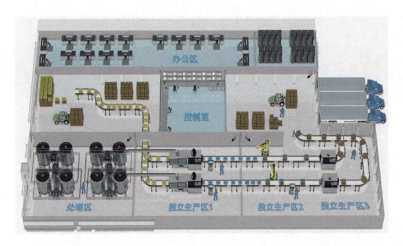

智能工厂的构建,核心是数字化、网络化的软件和制造装备的整合,主要包括以下类型的软硬件技术。

(1)计算机辅助工具,如 CAD(计算机辅助设计)、CAE(计算机辅助工程)、CAPP(计算机辅助工艺设计)、CAM(计算机辅助制造)、CAT(计算机辅助测试)等。

(2)计算机仿真工具,如物流仿真、工程物理仿真(包括结构分析、声学分析、流体分析、热力学分析、运动分析、复合材料分析等多物理场仿真)、工艺仿真等。

(3)工厂/车间业务与生产管理系统,如 ERP(企业资源计划)、MES、PLM(产品生命周期管理)/PDM(产品数据管理)等。

(4)智能装备,如高档数控机床与机器人、增材制造装备(3D 打印机)、智能炉窑、反应釜及其他智能化装备、智能传感与控制装备、智能检测与装配装备、智能物流与仓储装备等。

(5)新一代信息技术,如物联网、云计算、大数据等。

智能工厂、数字化车间各层级的功能,以及各种系统、设备在不同层级的分工、协同如下,可以分为 4 个层级。

- 计划层:实现面向企业的经营管理,如接收订单,建立基本生产计划(如原料使用、交货、运输),合理规划库存,保证原料及时到达正确的生产地点,以及远程运维管理等。包括 ERP、CRM(客户关系管理)、SCM(供应链管理)等系统,重点管理运营层面的信息流、资金流和物流。
- 执行层:实现面向工厂/车间的生产管理,如计划排产、生产进度、维修记录、测试记录、设备状态、质量管理、产品追溯、制造过程可视化等。MES 主要解决执行层人、机、料、法、环、测等的问题。

- 监控层：实现面向生产制造过程的监视和控制。按照不同功能，该层级可进一步细分为可视化的数据采集与监控（SCADA）系统、HMI、实时数据库服务器等，这些系统统称为监控系统。此外，还包括各种可编程的控制设备及系统，如 PLC、DCS（分布式控制系统）、IPC（工业计算机）、其他专用控制器等，这些设备统称为工业控制系统。
- 现场层：实现面向生产制造过程的传感和执行，包括各种传感器、变送器、执行器、RTU（远程终端设备）、条码、射频识别，以及数控机床、工业机器人、工艺装备、AGV（自动引导车）、智能仓储等制造装备，这些设备统称为现场设备。

下图是智能工厂、数字化工厂 4 个层级的关系和分工。

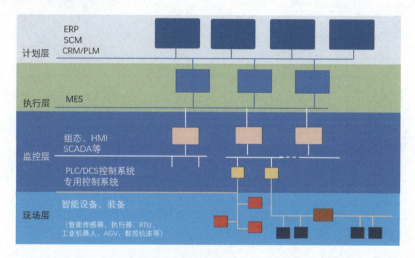

智能工厂要求技术更加集成化，实现横向和纵向的集成及端到端的整合，从而更加智能化。智能化生产的场景（典型流程）如下：产品从设计到制造的所有环节都被打通，PLM 的设计数据直接进入 ERP 系统，后者统筹调配工厂资源，利用 SCM 系统与 APS（高级计划与排程系统）实现计划与采购供应的协同。通过 MES 与制造现场人、机、料、法、环的管理，实现产品制造过程的数字化、智能化，借助 CRM 系统，实现与客户需求的对接，最终满足多种模式下的生产，实现工厂与工厂、工厂与客户之间的协同。

智能工厂未来需要实现自主运转、连接并和机器进行交流，产品设备之间可以通信。工厂跟人一样，有高适应性和灵活性。随着工厂的"智能"化，生产效率和质量会大大提高，生产环境大幅改善。

越来越多的技术正在被应用在智能制造、智能工厂当中，例如，数字孪生技术、3D 虚拟仿真技术、增强现实技术等。下页图所示为通过数字孪生技术规划的智能工厂。

1.4 工业软件在智能制造中的价值

智能制造、智能工厂将进一步扩大工业软件的应用,如 ERP、MES、PLM、BI(商业智能)、SRM(供应商关系管理)、APS、WMS(仓储管理系统)等,这些工业软件主要用于对产品设计、物流、采购供应链、生产计划、企业经营数据分析等方面进行管理,同时又相互关联和整合。MES 在工业软件中扮演重要角色,它与其他系统,如 DCS、SCADA、工业控制软件、设备等一起,最终可以实现产品制造过程的数字化和智能化。

1.4.1 智能工厂的体系架构

如果把智能工厂比作一个人,工业软件就是人的神经系统。其中,在制造环节,MES 的作用尤为重要。按照美国先进制造研究机构

(AMR)给予的定位：MES 是服务于工厂生产执行层的信息系统，位于企业经营层的计划系统与生产过程的直接工业控制系统之间。以下是 MES 在全流程中的位置和分工示例。

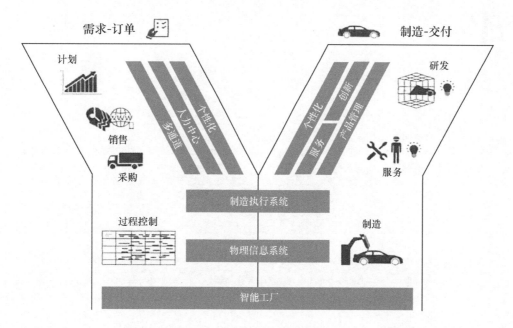

该定位将企业的运作划分为三个层次，分别是计划层、执行层和控制层。其中，计划层是 ERP 等运营管理信息系统。控制层包括 DCS、PLC、NC/CNC 或 SCADA 中的一个系统或这几种系统的组合，以及各种仪器、设备等。介于两者之间的是执行层（MES）。执行层主要在企业的计划层和设备层之间，对企业生产计划进行"再执行"，负责"指令"的接收与处理，并且实现对"指令"的监控和完成。

通过 MES 与 SCM 的结合，可以有效地实现从供应商到客户、从原材料到产品的端到端的价值链整合，提高生产过程的可视化、透明度，确保产品生产过程的可控、可追溯，同时提高交货及时率，创造更多有价值的活动。下页图是 IBM 公司规划的数字化工厂的一个简要的架构图。

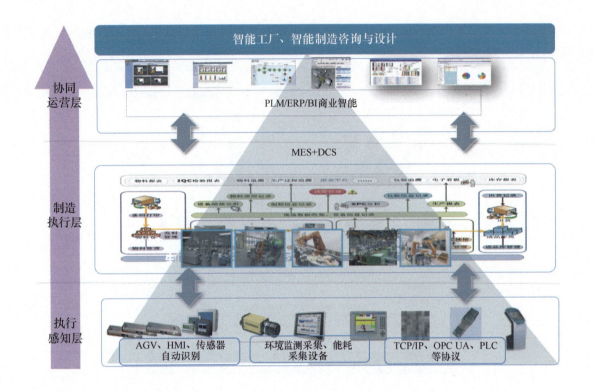

1.4.2　工业软件 MES 在智能工厂中的定位

在工业 4.0 背景下,要构建智能制造,构建智能工厂、智能生产、智能物流和智能服务体系,我们需要重新对 MES 进行定义。MES 已经深度融入到了企业价值链管理中。

对于制造型企业来说,研发设计、计划、采购、生产制造、销售服务等环节密不可分,共同构成了企业的价值链。智能工厂能有效地组织相关的资源,与供应商和客户协同,实现从原材料到成品的过程,从而完成由需求到满足需求的闭环。在这个过程中,很多工作是由一个更加智能化的体系来完成的,比如工人只需要通过 MES 或移动终端就可以完成订单的下发及生产,并且对生产过程进行控制,使产品生产过程更加透明化和数字化。MES 还可以与设备、自动化无缝集成,使每一个与制造相关的指令都能够精确调度、发送、跟踪和监控，从而涵盖整个生产过程，成为实现工厂生产智能化的基本技术手段。

随着企业数字化的发展，未来制造企业势必也是一个软件公司，软件系统的应用会越来越多，MES会成为制造企业运营的基石。重新定义后，MES与其他业务板块处在同等重要的位置，成为打造智能工厂、推动智能制造的核心工业软件之一。

MES在智能工厂中的应用如下图所示。

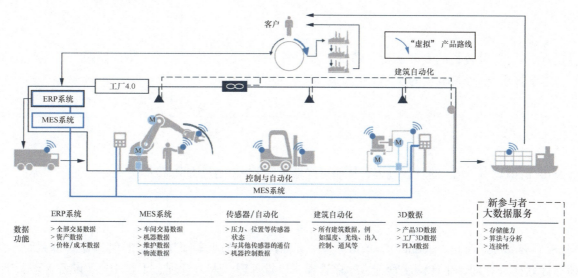

使用MES的经验表明，它不再只针对制造过程进行优化，还可以延伸至企业运营的整个价值链中，具体体现在几个方面，例如，缩短产品的研发周期，提高生产效率，降低产品的制造成本，提高产品的良品率和能源利用率等。

第 2 章　MES 的背景及行业应用

作为工业核心软件的 MES，有着较长的发展历史，随着工业化的不断发展，经历了几个不同阶段，在系统定位、延伸、功能方面，不同阶段有不同的扩展。本章将重点介绍 MES 的发展历史及其在行业中的应用特点。

2.1　MES 的概念及发展

首先，我们要了解 MES 的概念和 MES 的发展过程，从而更好地了解 MES 的过去和未来。

2.1.1　MES 的概念

制造执行系统（MES，Manufacturing Execution System）是一套面向制造企业车间执行层的信息化管理系统。MES 可以为企业提供包括制造基础数据管理、计划排产管理、生产调度管理、库存管理、质量管理、人力管理、工作中心/设备管理、工具工装管理、物料管理、成本管理、看板管理、生产过程控制、数据采集、制造数据分析等功能，企业可以通过 MES 打造一个可控、可靠、可视、可行的制造数字化管理平台。

2.1.2　MES 的发展

随着智能工厂、智能制造的不断发展和应用，MES 也随之有了新的发展和应用的趋势。

越来越多的管理者意识到，MES 正在成为数字化工厂、智能制造的核心管理平台。企业在新建智能工厂或布局智能制造时，不仅要考虑采购先进的设备和自动化装备，同时也需要考虑 MES 如何将工艺研发、品质管控、精益制造、供应链管理等统一和集成。MES 逐渐成为焦点，因此有必要了解 MES 的历史和未来的发展趋势。

一、历史渊源

制造执行系统是美国 AMR 公司在 20 世纪 90 年代初提出的,目的在于加强物料需求计划(MRP,Material Requirement Planning)的功能。

1997 年,制造执行系统协会(MESA)提出的 MES 功能组件和集成模型,包括 11 种功能,如下图所示。

(1)资源分配、建模。通过建模,完善生产所需资源,包括工厂、车间、产线、设备(如机床、工具)、人员、物料及其他生产实体,满足生产计划要求,用以确保生产的正常进行;提供资源实时状态和历史记录信息,确保设备能够正常生产及运作。

(2)工艺管理。根据产品不同的制造特点和工艺,通过工艺管理,实现产品的生产工艺路线定义、工序的定义和管理,以及工序 BOM(物料清单)的管理、配方管理等,确保生产过程按照相应的工艺标准来执行,实时管理产品生产过程中的物料消耗情况、工序进度情况、质量信息、作业信息。

(3)生产调度。该功能以作业任务、订单或工作指令等形式下发及开始生产任务,并通过调整车间计划,促成对工单产品的生产,以及对返修品和废品的处理,实现对在制品的管理。

(4)生产过程管理。该功能监控生产过程、自动纠正生产中的错误并向用户提供决策支持以提高生产效率。它通过连续跟踪生产操作流程,在被监视和被控制的机器上实现预警及控制;使车间人员能够及时发现问题并及时处理异常情况;通过数据采集接口,实现智能设备与制造执行系统之间的数据交换。

（5）人力管理。该功能主要面向制造业劳动力管理。以人员管理、工时管理、技能管理为基础，实现对人力的优化和制造成本的管理。

（6）设备管理。该功能主要对工厂设备的台账、设备保养计划、设备点检及备件进行管理。同时结合数据采集，还可以分析设备综合效率（OEE），以及设备的运行状态，对设备进行预测性维护等。

（7）计划管理。生产计划按照企业实际的产能、物料、设备、人员、工艺等信息进行统筹，实现生产计划的预排产、调整、取消，以及计划优先级的管理等。

（8）文档管理。该功能控制、管理并传递生产作业指导书、配方、工程图纸，可以统一管理和进行信息交互，同时对其他重要数据（如与环境、健康和安全制度有关的数据及 ISO 信息）进行控制与完整性管理。

（9）追溯管理。制造过程的双向追溯管理非常重要。正向追溯可以通过工单、产品序列号等信息，查看产品当前生产的工序、质量信息、进度等；反向追溯可以通过产品序列号等，查看产品在工厂的生产履历，如生产时间、物料信息、相关设备信息、人员信息、工艺标准、物料批次、供应商信息等。

（10）质量管理（QM）。质量管理包括原材料的检验、生产过程中的抽检、产品完工检验、出货检验等环节的管理。通过完善的质量控制和手段，确保不流入不良品、不生产不良品、不流出不良品；通过质量分析，还可以优化生产工艺，进一步提高生产的效率。

（11）数据采集。该功能通过数据采集接口来获取并更新与生产管理功能相关的各种数据和参数，包括产品跟踪、维护产品历史记录及其他参数。这些现场数据，可以从车间以手工方式录入或由各种自动方式获取。

MES 的发展大致可以分为以下 5 个阶段。

（1）专用的 MES（Point MES）。它主要是针对某个特定领域开发的系统，如车间维护、生产监控、有限能力调度或 SCADA 等。

（2）集成的 MES（Integrated MES）。该类系统起初是针对一个特定的、规范化的环境而设计的，如今已拓展到许多领域，如航空、半导体、食品和卫生等行业，在功能上它已实现了与上层事务处理和下层实时控制系统的集成。

（3）可集成的 MES(I-MES)。它将模块化应用组件技术应用到 MES 的系统开发中，是前两类 MES 的结合：既具有专用 MES 的特点，即 I-MES 中的部分功能为标准功能；又具有能实现客户化、可重构、可扩展和互操作等特性，能方便地实现不同厂商之间的集成和已有系统的整合，具有即插即用等功能。

（4）智能化第二代 MES（MES II）。具有行业化特色的 MES 平台，具备标准、完善的模块与管理流程，通过配置和部分定制化，可以实现对制造过程的管理，支持与设备、系统之间的整合与数据交互。

（5）下一代 MES（MOM）。其显著的特点是强调生产同步性（协同），支持网络化制造。它通过 MES 实现多区域、多工厂的实时生产信息和过程管理，与上下游企业协同，建立过程透明化、敏捷化、有效整合的平台，具有可适应性、柔性和智能等优点。

在应用方面，我国国内的 MES 明显落后于发达国家。这几年，随着国家推进智能制造的发展，MES 在国内市场已经出现了较大的需求。下图是对 MES 发展历史不同阶段的特点的概括。

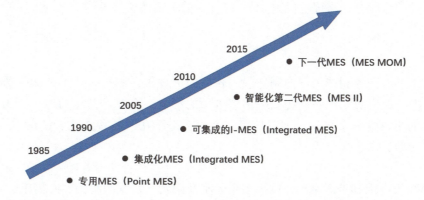

二、MES 在国内的发展

国内 MES 从 20 世纪 90 年代开始发展，刚开始主要是在自动化程度比较高的行业得到广泛应用，如汽车、半导体、烟草等行业。随着 3C 产业的快速发展，3C 产业上下游企业为了实现制造过程可控、可追溯，生产过程透明化，陆续开始构建 MES，3C 行业的 MES 应用得到了快速发展，如通信行业、高科技行业、家电消费品行业等。近年来，在食品饮料、工程机械、大型离散装配、家电等行业的智能制造工厂的建设中，MES 又成为重中之重。

目前，国内 MES 行业主要集中于五大领域，分别是汽车、电子通信、石油化工、冶金矿业和烟草。这五大领域应用占比超过 50%。从主要公司来看，一些国际巨头公司在国内的行业布局也是差异化的。

根据研究，MES 厂商的来源可以分成以下 5 类。

（1）从自动化设备基础上发展而来，集成方式是自下而上的。

（2）从专业 SCADA、人机界面操作系统厂商发展而来。

（3）从专业 MES 厂商发展而来。

（4）从 PLM、ERP 等领域延伸而来。

（5）从其他领域发展而来，如数据采集。

MES 智能化是未来我国 MES 实现跨越发展的主要方向。由于企业生产制造体系的实时性和复杂性，对 MES 的智能化、扩展性、整合性、稳定性、行业管理经验固化等要求越来越高，相关前沿技术研究必须与制造密切结合。完整、高效地推行 MES 需要一定的行业管理经验的人员和相对完整的实施方法论，并形成丰富的专家知识库。MES 的方案制定和实施需要各个部门强有力的协调配合。如何将工业 4.0 技术、智能制造技术与 MES 进一步融合，将成为我国 MES 应用中的重要课题。

2.1.3 企业为何要构建 MES

我国是全球制造业大国，当前处于由世界制造大国向制造强国转型的进程中，制造企业不但面临传统生产方式的革新，同时还受到行业的快速变化、需求多样化的冲击、人力成本的不断提高等诸多方面的影响，企业经营压力增大。为了做到制造过程中品质稳定，快速对市场做出反应，以及提高产品的丰富性、多样性、配置性等，企业不得不在产品智能化、制造过程数字化和智能化方面去做转变。这也是企业要构建 MES，加快制造转型的深层次原因。

一、企业构建 MES 的内因与外因

企业构建 MES 的原因，可以总结为内因和外因两种，内因是企业不断创新、自我改善的实际需求，外因是客户、竞争环境等的要求。

（1）企业构建 MES 的外因。

受客户及供应链的影响，企业的下游客户需要实时了解订单在工厂的执行情况及品质数据，以便客户对自己产品的制造和工艺做精准的掌控。这要求企业的工厂透明化、质量及工艺可视化，一旦出现质量问题，可以快速锁定产品受影响的范围及供应风险，减少损失。通过 MES 进行产品生产过程追溯，能够实现从供应商到客户、从原材料到产品的数字化管理，实现使生产过程可控、可追溯、可视的目的，甚至与客户共同推动 MES 的部署与推广。

（2）企业构建 MES 的内因。

内因是企业的源动力。制造业的核心竞争力就是品质和产能。降低成本、消除质量问题、快速交货、产品可追溯等是制造运营的重点。MES 可以帮助企业实现以下管理目的。

- 生产过程透明化：能通过系统实时了解生产订单的进度、直通率、计划达成信息，减少传统制造过程数据不及时、不准确、问题处理滞后带来的损失，解决无法快速决策等问题。
- 生产过程可控：在产品制造过程中，通过对物料、工序、人员、设备的控制和优化，提升产品质量，减少缺陷和浪费等。
- 产品制造过程可追溯：在产品生产过程中的所有核心数据和信息，可以通过系统进行追溯，有效响应客户的诉求，更好地完善供应链的协同。
- 进一步无纸化、数字化：消除制造过程中的大量纸张浪费，数字化呈现运营绩效和分析，减少内部沟通环节，减少价值不高的人力成本、沟通成本造成的浪费。

二、MES 辅助企业实现企业横向、纵向集成

通过 MES，企业可以实现工厂基于价值链的端到端的集成及纵向集成。在数字化工厂、智能工厂的建设中，MES 起到了承上启下的作用，作为执行层，既可以辅助企业实现纵向集成，又可以连接上下游，完成横向供应链的高度集成。

下面我们介绍一下几种比较关键的集成。

（1）横向集成。

横向集成是针对多个价值链的概念而言的，本质上是多个价值链的多个环节构成的价值生态，通常我们将上游供应商、原材料、物流环节、企业内部仓储、生产及产品分销到客户称为价值链，其中生产制造处在价值链中间制造环节，MES 实现与 SCM 系统、APS/CRM/ERP 等系统的整合，最终实现端到端的集成。下面两图所示分别是价值链的集成和智能工厂的网络化架构。

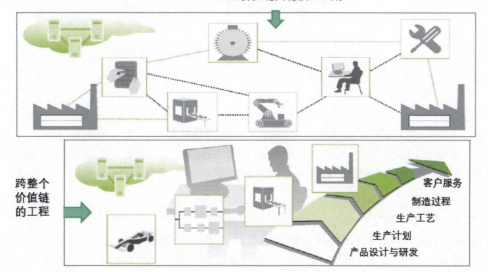

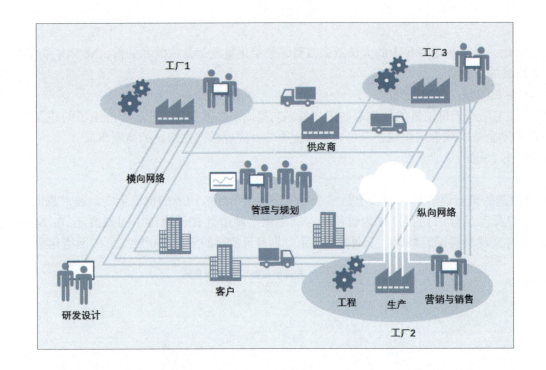

（2）纵向集成。

按照纵向集成的定义，企业需要从企业、管理、运行、控制和现场多个层级来实现集成与整合，从而达到企业最佳的制造运营状态。在工业 4.0 技术体系中，以 CPS 为基础的纵向集成将实现几个标准化，分别是数据标准化、流程标准化、工艺标准化等。

在纵向集成过程中，MES 属于执行层级的信息系统，需要与运营层级的 ERP、PLM，感知层的 SCADA 系统，以及其他工业控制系统集成，实现生产任务、工艺的下达，同时会收集设备层级的关键数据和指令，来监控生产进度、产品品质和异常，最终实现生产运营数字化。

三、MES 是企业数字化工厂的"神经中枢"

伴随着智能制造技术及工业互联网、物联网、云计算等技术的发展，MES 的深度和广度也会得到更大的发展。MES 的应用与制造企业所处的行业、产品特点、工艺特点、生产模式、设备布局、车间物流规划、生产和物流自动化程度、数据采集终端、车间联网，以及精益生产推进等诸多因素息息相关。MES 应用和功能主要涉及以下方面。

（1）过程控制方面：MES 管理生产订单的整个生产流程，通过对生产过程的关键环节进行实时监控，实现工艺参数管理和相关防错管理。在出现异常或与生产计划偏离时，及时反馈相关人员，使其采取相应的措施。

（2）生产计划方面：MES 在生产计划下发后，自动生成制造指令单或工单，根据生产设备实际加工能力的变化，制定并优化生产的具体流程及各设备的详细操作；为了提高生产柔性，生产任务根据生产执行的具体情况及设备情况，结合资源配置进行现场动态分配。

（3）资源配置方面：MES 通过详细的数据统计和分析，为企业提供各种生产现场资源状态的实时信息，与任务分配紧密协调，为各生产工序配置相应的工具、设备、物料、文档等资源，保证各操作按调度要求准备和执行。

（4）能力平衡分析方面：MES 分析、对比工作中心/设备任务负荷、部门/班组任务负荷、工种任务负荷等，并做出相应的评估，协助计划和调度人员进行生产任务的外协和均衡，并实现最优的生产计划排程。

（5）质量管理方面：MES 跟踪从原材料进厂到成品入库的整个生产流程，对产品原料、生产设备、操作人员、工序批次等数据进行实时采集，为产品的使用、改进设计及质量控制提供依据；根据检测结果判定产品问题，为研发、工艺、制造等方面的改进提供相应的决策支持。

（6）文档管理方面：MES 可以自定义文档管理结构树和版本追踪，有效管理产品设计、操作流程、工艺说明等；根据加工任务分配，为各生产工序提供相应的加工程序和生产信息等。

（7）数据采集方面：MES 根据不同的生产模式、应用场景及设备工艺等方面的特点，采取不同的数据采集方式，实时获取各工序、设备、物料、产品、工艺等的数据，与其他 BI 系统整合，为管理者提供可靠的、多维度的数据。

（8）人力管理方面：MES 提供人员状态和相关技能信息，跟踪个人的工作执行情况，为企业实现精细人力管理、控制人力成本、提高岗位技能、减少员工流失、优化人员调度等提供决策支持。

（9）维护管理方面：MES 制定车间的保养计划、点检计划，通过现场人员记录每台设备、每个工具的维护时间、维护内容、故障原因、对应的解决方法，以及处理故障的时间和成本，形成工厂设备/工具维护的完整知识库，减少生产线或设备的故障，提高设备的稼动率，并进一步通过大数据技术结合，做好预测性维护等。

2.2 MES在行业中的应用

本节将重点介绍 MES 在行业中的发展与应用。离散行业涉及的企业、工艺、形态非常丰富，常见的电子、注塑机加、汽车零部件、设备制造等都属于离散行业。流程行业包括石油化工、饮料食品等行业。由于行业的差异，MES 应用也大不相同。这里我们重点介绍离散行业的特点及应用。

2.2.1　离散行业的特点

大部分离散制造企业采用的是多品种、小批量的生产模式。在这种模式下，车间级的组织与控制方式对生产管理有着更高的要求，这是由于产品品种多、数量少、生产重复性小、工艺过程经常变更等。由于这种模式的这些特点，这类企业需要一个先进、适用的管理系统，要能对下达的生产任务进行一定程度上的智能优化调度，从而最大限度地减少生产过程中的非增值时间，实现加工生产的高效率、高柔性和高可靠性。MES可以满足企业车间控制管理的需要，使企业在制造环节的数字化和智能化获得支撑，建立起相应的管理平台。下面是离散行业的一个车间作业图。

离散行业涉及的工艺非常复杂，以电子行业为例，上游可能有封装、贴片、注塑、机加等工艺，中间制造环节有插件、组装、测试、包装、老化、质量控制等工艺，还涉及车间物料、物流、防错、批次记录、维修、返工、售后等流程，相对庞杂。没有MES，通常是很难实时采集信息及实现完整产品追溯的，也容易造成产品批次不良等问题。下页图所示为某设备生产的MES流程规划示意图。

2.2.2 离散行业MES应用核心及特点

一、离散行业制造特点

离散行业主要包括机械、电子电器、航空制造、汽车制造等行业。这些企业既有按定单生产的，也有按库存生产的；既有批量生产，也有单件小批量生产、定制化生产等。下页图所示为某企业的汽车生产车间。

流程行业和离散行业由于生产形态差异比较大，在工艺流程、生产方式、数字化管理方面有着各自的特点。因此，MES在功能模型、信息模型、数据模型及相关技术应用上有不小的差异。MES在流程行业和离散行业中的应用区别如下。

（1）行业差异。

流程行业主要是通过对原材料进行混合、分离、粉碎、加热等物理或化学方法，使原材料增值的。

离散行业主要是通过改变原材料物理状态，对其进行加工、组装，使其成为产品，来使其增值的。

（2）产品结构。

离散行业的最终产品是由固定个数的零件或部件组成的，这些物料的关系非常明确并且固定。

流程行业的产品结构则有较大的不同，它们往往不是很固定——上级物料和下级物料之间的数量关系，可能因温度、压力、湿度、季节、人员技术水平、设备参数、工艺条件不同而不同。

（3）工艺流程。

流程行业的特点是品种相对固定，批量大，生产设备投资高，而且按照产品进行布置。离散行业的特点是多品种和小批量生产。因此，其生产设备的布置不是按产品，而是按照工艺进行布置的。

（4）自动化水平。

流程行业大多采用大规模生产方式，生产工艺、技术成熟，控制生产工艺条件的自动化设备也比较成熟。其生产过程大多是自动化的，生产车间的人员主要负责管理、监控和检修设备。

离散行业由于是离散加工，产品的质量和生产率很大程度上依赖于设备、工人的技术水平。离散制造行业自动化主要在单元级展开。

离散行业的企业一般是人员密集型企业，自动化水平相对较低。这也是智能制造推行得比较缓慢的原因。

（5）生产模式。

流程行业主要采用大批量生产，产品以设备为主。产能饱和，企业才能将成本降下来，在市场上具有竞争力。在流程行业的生产计划中，年度计划十分重要，决定了企业的物料需求。

离散行业主要以单件、小批量生产为主要特点。由于产品的工艺经常变更，因此需要强大的供应链管理能力和比较高的制造柔性化水平。订单式生产模式因市场变化快而难以准确预测，因此对采购和生产车间的计划、制造过程的协同要求很高。同时，受物料、工艺变更频繁，以及人员、质量、设备异常的影响，计划管理，特别是自动化排产，很难很好地付诸实施。

（6）设备管理。

流程行业的产品比较固定，一旦生产就有可能很长时间不变；电子产品、机械制造等行业的产品，产品生命周期较短。体现在设备上，流程行业的设备是一条固定的生产线，设备投资比较大，工艺流程固定。在流程行业的流水线生产中，每台设备都是关键设备，不能发生故障，一台设备的故障会导致整个工艺流程的终止。

离散行业可以停下单台设备以进行检修，并不会影响整个生产系统的运行。离散行业的生产设备的布置，不是按产品，而是按照工艺进行配置，可以进行同一种加工工艺操作的机床一般有多台，单台设备的故障不会对产品的整个工艺过程产生严重的影响，一般需要重点管理关键、工艺有瓶颈的设备。

（7）追溯管理。

流程行业的生产工艺过程中，会产生各种协产品、副产品、废品、回流物等，对物资的管理需要有严格的批号。离散行业，尤其是高科技行业，如手机制造，对于产品的关键物料、物料的批次、供应商、生产日期，以及产品生产过程中的质量数据、过程数据都需要做全面追溯的管理。现在，很多离散行业在逐渐完善批次和生产追溯管理。

（8）数据采集。

MES 的数据采集功能，可以实现对生产现场各种数据的收集、对任务完成情况的反馈，以及对物料跟踪、生产计划执行、产品生产历史记录及其他生产管理的信息做出处理。数据采集是 MES 的基础。

流程行业的自动化程度较高，设备控制级大量采用 DCS、PLC 控制系统。在检测方面，各种智能仪表、数字传感器已普遍得到应用；信息化技术的应用已深入各个领域。这些自动化设备能自动准确记录各种生产现场信息。对于 MES 而言，重点在于系统与这些自动化设备的集成。

离散行业的数据采集，过去以手工记录并上报为主，目前则是通过车间 IoT 技术、设备联网技术等，结合条形码采集等半自动、自动信息采集技术，进行工时、设备、物料、质量等信息的采集的。手工统计这种数据采集方式，两次采集的时间间隔较大，容易受到人为因素的影响，很难保障数据的准确性。随着离散行业数字化、智能化程度的提高，机械加工、装配等环节也全面结合物联网技术，并与MES进行结合，用以完成制造现场的数据采集和信息传输。这将大大提高生产的数字化、智能化。

（9）仓储物流管理。

由于流程行业大多采用连续生产方式，因此一般不设中间品、半成品库房，配方原料的库位一般设置在车间旁边。配方领料不是根据工序分别领料，而是根据生产计划一次领料，放在车间仓库中。下图所示为仓库的货架、储位。

离散行业的仓库，一般分为原材料仓、半成品仓、产品仓，有些还有线边仓，需要管控具体的库位、库存。领料、出货遵循先进先出的原则，还可能存在批次拆分领料出库、车间物流拉动配合JIT生产模式等情况。

二、离散行业中智能工厂MES建设方向

离散行业实施MES的目标是完成制造数字化平台的建设，提高企业的工作效率，增加企业的经济效益，使企业内部各种流程标准化、

信息化、数字化、智能化，提高企业的交货及时率等。在上述目标中，增加企业的经济效益是最关键的，如何用最小的投入产生出最大的经济效益是企业生产制造过程中的一个难题。

由于在离散行业中，制造过程复杂多样，影响因素纷繁复杂，生产状况的变化比较频繁，同时由于生产制造过程不透明，制造企业的生产制造过程的可控性非常差。MES作为企业信息化中一个非常关键的信息系统，在企业生产制造过程的控制和改进方面可以发挥非常重要的作用。MES可以使企业生产制造过程可视化、实时化，从而使人们快速了解企业真实的生产状态，同时为构建透明工厂、数字化工厂提供核心数据。

离散行业的MES建设要考虑平台的整体技术架构、系统对多工艺的支持及系统的开放性和整合性。离散行业中的主要制造工艺和模式，也是构建系统要考虑的重要因素。行业化的MES适应性强，对业务模型的支持程度会更高。如果一个企业具有多个不同的制造形态和单元，通常还要考虑平台的二次开发能力和对多种制造形态的支持。

第 3 章　MES 设计与规划

随着工业 4.0 及智能制造技术的发展，MES 基于工业 4.0 与智能制造体系的架构设计变得非常重要，充分融合物联网技术、自动化集成技术，能使 MES 更加"聪明"，服务于智能工厂。近年来，更多企业非常重视 MOM（制造运营管理）技术，通过 IT 信息化技术与 OT 运营技术的融合，从平台架构、系统功能、数据接口、数据存储、数据安全等方面出发，全面考虑如何设计与搭建下一代 MES 平台。

3.1　MES 设计与架构

本节将重点介绍 MES 的设计思想及系统架构。

3.1.1　MES 管理思想和要素

制造过程管理是制造管理的核心，制造执行系统的目标是能够为企业提供一体化的数字化管理平台，MES 是数字化平台的核心系统。通过 MES 与 SCM、WMS、APS、LIMS（实验室信息管理系统）、能源管理系统等协同，使企业的物流、信息流、资金流变得准确高效，实现绿色减排，全面提高质量、降低成本、实现产品生产过程追溯，全方位地执行降本增效的管理方针。

MES 制造执行系统，面向业务管理层和车间作业执行层，充分满足以数字化为核心的制造业务管理需求。系统通过生产计划、生产执行、物料管理、质量管理、维修管理、设备管理、数据采集、可视化管理、异常管理等层面的信息化、数字化，实现对制造过程的全面管理。

MES 要管控的核心是围绕"人、机、料、法、环、测"展开的。MES 技术的基础就是数据采集与处理，下页图所示是 MES 数据采集的模型。

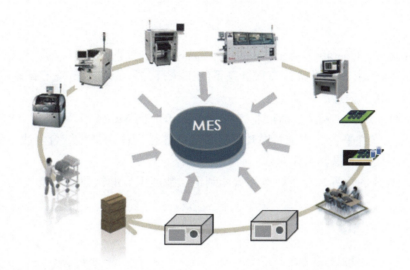

通常这六大要素在 MES 中的体现如下。

人：人是工厂的统筹者、执行者，也是监督者，MES 除了有人员的权限管理、班别管理、绩效管理、技能管理、作业管理等之外，还包括对现场的维护和改善。

机：主要是生产过程中的设备和工具，MES 通常对设备的状态、异常、点检、保养、预测性分析、维修及工装工具等进行管理。

料：针对料的管理比较复杂，料通常包括原材料、半成品、产品等，对料的管理包括物料的识别、物料批次追溯、物料消耗与拉动、物料的冻结、半成品的加工、产品的生产过程等，还包括针对料的完整的质量管理。

法：在制造执行过程中，MES 需要管控相应的规则和规范，它们可以被称为 MES 的"法"，不仅包括工艺指导书、标准工序指引、生产图纸、生产计划表、产品作业标准、检验标准、各种操作规程，还包括有效期验证、冲突性验证、唯一性验证、漏站及跳站验证、预警的规则等。

环：指环境。如一些产品（计算机等高科技产品）对环境的要求很高，对工厂车间的温度、湿度、防静电等的管理和控制，结合能耗环境系统，可以为制造高品质产品提供保障。

测：主要指测量时采取的方法，以及测量工具、仪器的校准、记录等是否标准、正确。MES 会通过功能模块去管控测量的规则、方式方法及结果等，管控过程与生产过程的质量信息关联。

3.1.2 基于MOM的MES设计

制造运营管理（MOM，Manufacturing Operation Management）指通过协调管理企业的人员、设备、物料和能源等资源，把原材料或零件转化为产品的活动。它包含管理那些由物理设备、人和信息系统来执行的行为，并涵盖了管理有关调度、产能、产品定义的信息，以及生产信息、设备信息、相关的资源状况信息的活动。

MOM由于被部分国际先进企业所采用和实践，逐渐被业界所关注。MES向MOM进行扩展，增加安全管理、能源管理、环境管理、质量管理等一系列功能模块，打造集成软件平台，为全面提升制造企业整体管理体系提供综合解决方案。如今，MOM已经成为西门子、罗克韦尔等巨头数字化企业战略中不可或缺的重要组成部分。

基于MOM架构的MES拓展了MES的边界，能更好地为智能制造、智能工厂的构建建设集成化应用平台。以下是MES在工厂中的管理层级和管理单元示意图。

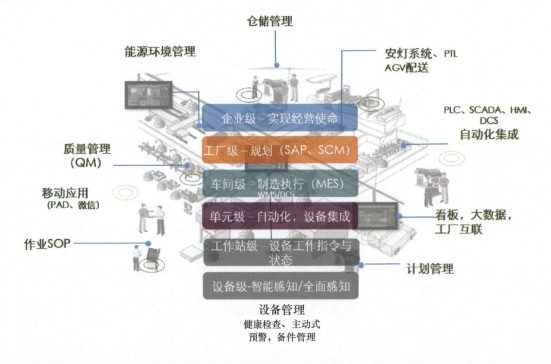

工厂的数字化可以分为以下 6 个层级的管理。

（1）设备级：设备、感知硬件、自动化充分集成，实现设备与设备互联，为上一层级提供最可靠、及时的数据。

（2）工作站级：实现工作中心、工作站的智能化，作为 MES 工序或工段的核心单元数字化。

（3）单元级：由工作站组成的加工中心、线体，通过 MES 能实现多单元独立或协同制造。

（4）车间级：制造过程的管控、数字化、智能化。能支撑多工艺、不同产品的全流程管理。

（5）工厂级：MES 与 ERP、PLM、SCM 等系统充分整合，实现端到端的管理。

（6）企业级：与公司战略、经营方向保持一致，适应企业的需要，并且融入企业的竞争力当中。

此外，一个成熟、完善的 MES，需要具备以下条件。

- MES 平台的前瞻性：具备与制造转型升级相适应的系统架构、性能、功能等各个方面的前瞻性设计，支持"移动互联网＋"的应用及与自动化整合的多类型技术的融入。
- 功能流程覆盖与行业特色应用体现：实现从物料到成品、从供应商到客户的全工艺、全流程覆盖，在功能上突出以往最佳实践和功能模块参考，给客户的持续改善和应用程度带来思路和方法。
- 系统的可用性与可靠性：系统支持大数据下的高性能支撑，数据采集端采取 C/S 模式或 B/S 模式（目前已经广泛采用），查询设置及报表分析采取 B/S 模式、移动 App 模式，在数据库层面有完整的维护策略和相应工具也很重要。
- 扩展性与自主程度：系统通常可以支持客户二次开发，企业可以在现有平台进行延伸性、深入性的应用开发。

下图所示为典型的 MES 设计与架构。

MES 技术架构包括以下内容。

- 第一层是系统平台层，主要提供应用环境、中间件服务。包括技术架构、SQL Server/MySQL/Oracle 数据库设计，还有 TCP/IP、HTTP、WebService、PLC、OPC UA 等各种协议、接口的支持等。
- 第二层是应用支持层，主要提供面向用户的服务平台，包括工作流平台、报表定义工具/引擎、全文检索、用户身份认证、业务对象建模等。

- 第三层是业务处理层，是面向用户业务的管理系统。针对企业的业务需求，平台包括如下功能：生产建模、BOM 管理、质量管理、物料管理、作业指导书管理、维修管理、包装管理、返工管理、看板管理、安灯管理、移动管理等。
- 第四层是数据整合层，利用 BI/大数据等技术，进行业务层数据的整合，为展示层数据提供支持；是面向企业门户的数据展示层，主要是运营数据的分析和呈现，为企业不同管理层级提供相应的决策支持。

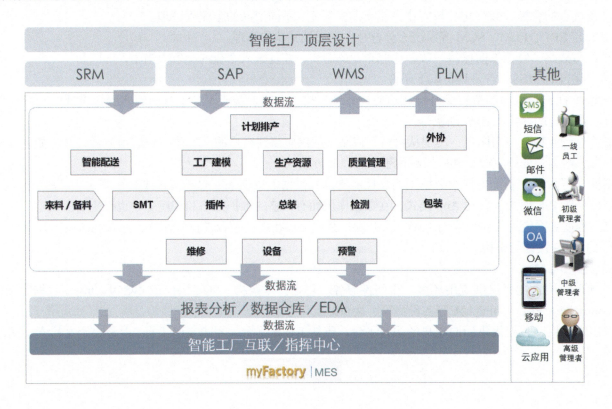

MES 的技术架构如下图所示。

3.2　MES 功能概述

本节重点介绍 MES 包含的功能及在制造管理过程的应用,包括工厂建模、生产管理、质量管理、追溯管理、测试管理、维修管理、包装管理、设备管理、看板管理、工厂互联等模块。通过这些模块功能及对应用场景的描述,对系统的要求和设计会更加清晰。

3.2.1 工厂建模

工厂建模主要实现对企业、工厂、位置、组织、员工、角色、设备资源等基础数据的定义和维护，能实现对批次、产品、BOM、工艺路线、工艺模板、工时等工艺信息的定义和维护，并能建立各基础数据之间的关系，如设备和车间、工段、工序、设备组之间的关系，完成工厂日历、班次、班组的定义与维护等。工厂建模的主要功能包括以下几点。

- 生产布局，设定产线的物理布局。
- 产品工艺路线设定，能够模拟产品的生产工艺。
- 产品生产 BOM 设定。
- 产品机种设定，定义产品的机种信息。
- 标准工艺路线设定。
- 班别设定，设定作业班别。

下图是 MES 工厂建模的核心元素和内容。

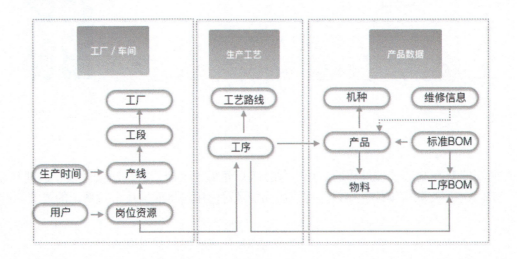

其中，工艺路线是产品制造过程控制的关键，通常由多个工序组成，如下图所示。

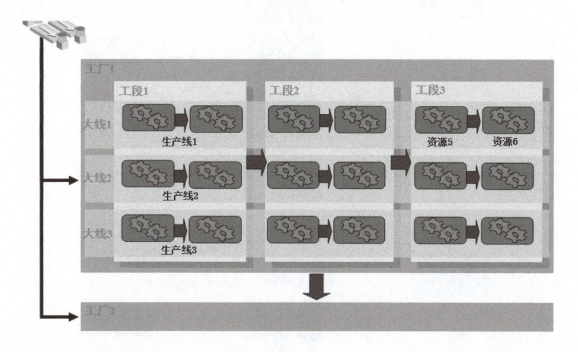

关于产品 BOM 与工序 BOM，在 MES 中，BOM 可以细分到工序，通过工序 BOM 来控制物料是否正确，起到制程控制的作用，同时，工序 BOM 还可以根据工序的过站信息，获取物料在工序的消耗情况。

3.2.2 生产工单

生产工单（Work Order）的管理包括对工单的数量、产品信息、开立日期、计划生产数量、实际达成、工单暂停、工单完工等的管理。下图所示为典型的工单管理流程。

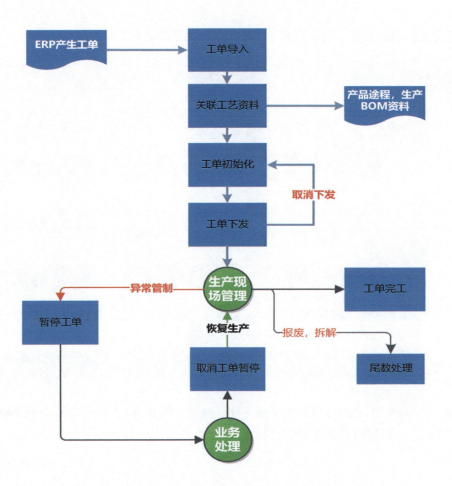

3.2.3 组装

产品组装（Assembly）过程中，装配过程要符合生产工艺，涉及关键物料的管控。常见的管控方式有两种，一种是将单件作为管控单元，另一种是批次管控，以最小包装或特定包装作为管控对象，在组装过程中进行条码或 RFID 信息采集。

组装是工单下发后按照工艺流程完成产品装配的过程。在这一过程中,需针对装配工序,对物料、良品/不良品等的数据进行采集。组装的过程有可能是人工或机器人来完成的,数据采集通常有扫描采集、程序接口等多种实现方式。

数据采集模型如下图所示。

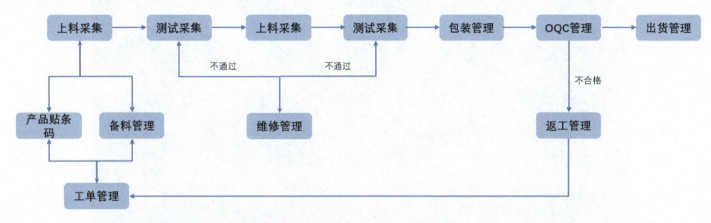

在生产过程中,装配过程也要做管控,下图所示是发动机的装配过程。

除此之外,常见的还有流水线式的传统加工(见下图),在生产过程中也要做生产信息的采集。这种制造形态的自动化程度比较低。

3.2.4 作业指导书

产品生产过程的工艺图纸、文档标准,通常也会被纳入系统的管控,以便在制造过程中查看、检索,从而确保组装过程符合产品制造规范。下页图所示是某工厂的作业指导书(E-SOP)。

通过显示器，可以查看当前产品的工艺要求和标准，也可以查看标准操作视频等，辅助作业人员进行该工序上的作业，如下页图所示。

3.2.5 测试

在产品测试（Test）环节，测试设备的管理和数据的采集都要有据可查，同时与每个产品的制造过程信息相关联。产品测试环节得到的结果和关键测试项目值都要记录。

测试数据集成包括通过测试设备厂商标准接口、数据库访问，还有测试文件的解析及生成统一格式，方便系统之间数据共享。

测试数据采集过程需要借助专业测试设备进行检测，使数据与 MES 整合。

下图所示是一个测试车间，作业人员正在检查测试的过程和异常。

3.2.6 维修管理

产品生产过程中，如果出现不良，需针对不良进行分析判定，如 3C 类产品的不良主要分为外观不良和功能性不良两大类。维修管理（Maintenance Management）包括维修的过程、维修的原因分析、更换的物料信息、缺陷分析。

维修管理的主要流程（示例）如下。

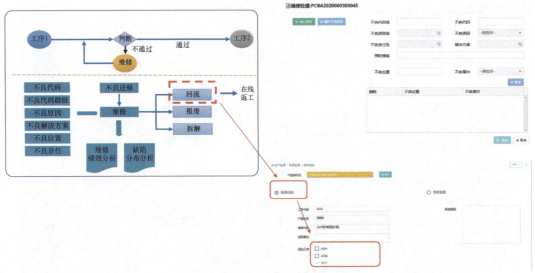

MES 维修工作站如下图所示。

3.2.7 返工管理

产品生产过程中出现不良,需要返工处理的,返工的工序、测试记录等都要记录下来。返工管理(Rework Management)的作业流程如下。

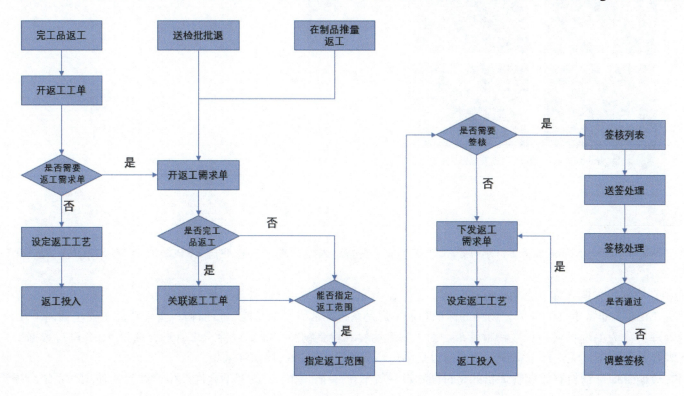

3.2.8 包装

产品包装(Packaging)管理,包括对包装规则的定义、包装单位、包装规则、包装数量、附件及售后服务证书等的管理。多级包装示意图如下。

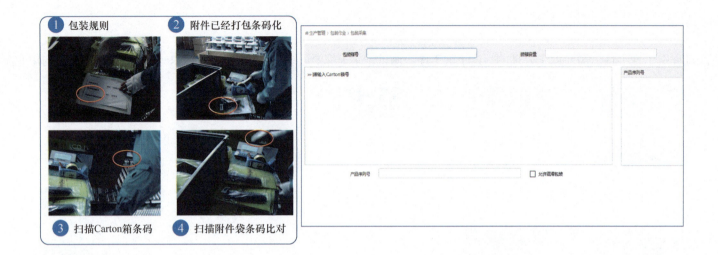

3.2.9 仓储管理

仓储管理（Warehousing Management）分为原材料出入库及成品出入库管理，信息通过 ERP 系统与 MES 集成，通过接口实现数据传输及共享。

核心功能包括原材料采购入库、上架、库位管理、下架、出库、盘点等。仓储管理如下页图所示。

物料管理是 MES 中非常重要的环节，物料的标识和采集都是系统非常重要的功能，目前物料管理功能主要包括以下几种。

- 物料管理：分为关键物料与批次物料管理。对于关键物料和贵重物料，需要以标识来管理，通过 MES 进行数据采集。批次物料通常需要管理，但又无法单个标识，因此应以最小包装或额定单位进行标识和采集。
- 物料有效期管理：物料有效期管理指的是过期物料一般不允许生产领用，或者不允许在生产线投入使用，系统会提示或禁止物料投入。
- 制造过程数据采集方式及标签标识：数据采集方式采用条码（一维、二维、RFID）辅助扫描设备进行采集。条码编码规则遵循协同制造企业群的编码规范，确保降低采集成本，提高效率。
- 物料及成品的标签标识：物料标签或成品标签，都应标有名称、物料编码、生产日期、生产厂商、数量等。
- 物料标签应用于各行业：广泛用于工厂各种物料的标识解决方案。

MES 物料管理流程如下图所示。

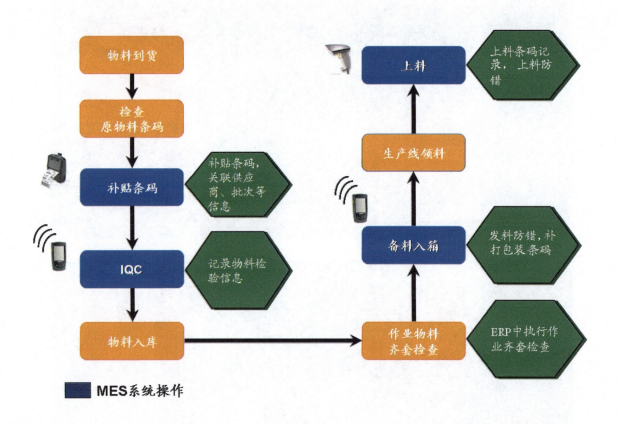

各类物料标签及应用如下页图所示。

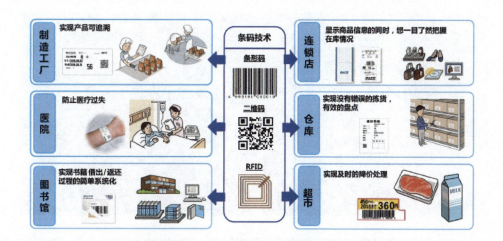

标签样式分别如下。

物料标签				1001000000271	
物料位置	M001物料	紧急程度	☐ 紧急 ☐ 不紧急		
作业号	G34093310127	排产量	60		
供应商	深圳柏尔	数量	30		
入库日期		物料状态	未检		
物料编码	502410000040				
物料名称	电源指示灯(power LED)/B205.1—3B/				

物料标签				1001000000272	
物料位置	M001物料	紧急程度	☐ 紧急 ☐ 不紧急		
作业号	G34093310127	排产量	60		
供应商	深圳柏尔	数量	30		
入库日期		物料状态	未检		
物料编码	502410000040				
物料名称	电源指示灯(power LED)/B205.1—3B/				

一维条码

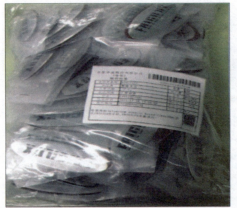

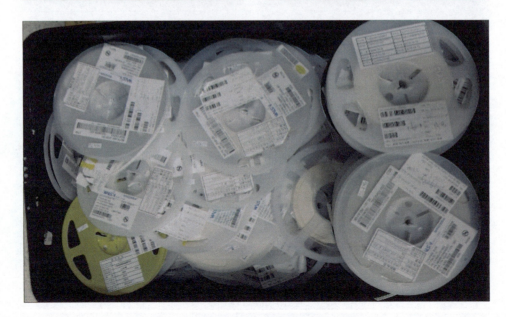

二维条码、单据二维码应用

\multicolumn{9}{c}{完工入库单　　　记录代码：F-SUNO-16.1.5-B0}

完工入库单　　　记录代码：F-SUNO-16.1.5-B0

入库日期：2016-09-19 23:43:07　　　入库单号：WRK16091900021
产品类型：☐成品　☐半成品　　　　入库仓库：电池一部-标准-原材料仓(光明)
生产场地：电池事业二部

行号	生产订单号	产品编号	产品描述	单位	入库数量	累计数量	批次	拉别
1	302-M01609090168	1005010000822	DBQ32C0003 电池成品 动力工具电池 三星 INR18650 15Q 充放电同口 3S1P 12V 1500mAh 环保免税	PCS	40		5160917000009	
合计					40			

制单人：　　　入库人：　　　QA审核：　　　仓管员接收：　　　1/

MES入库单据

3.2.10　外协生产

基于协同制造的企业群，产品部分或整体外协生产（Outsourcing Production），与外协生产企业的数据共享主要包括3种情况，即过程数据、进度反馈、工艺协同与控制。

（1）外协生产的过程数据。外协生产的过程数据要通过信息化系统共享并反馈给企业。外协工厂一般需要管控物料的批次信息，在外协工厂的加工工艺、制造过程及产品的实时良品率和直通率，产品订单的生产进度，预计交货的时间等。可以使用生产追溯表反馈过程数据，如下页表所示。

生产追溯表

订单	产品	料号	关键物料	生产线	测试	包装	生产日期
F0003	手机	MF00009	摄像头	C01	良品	完成	2018-3-1
			二维码、条码标识				

（2）外协生产进度反馈。将外协生产进度可视化、实时化地反馈给企业。可以使用外协生产追溯表进行反馈，如下表所示。

外协生产追溯表

订单	产品	料号	预计交货日期	SMT	组装	包装	出货
F0001	手机	TYA980005	2018-5-1	已完成	已完成	已完成	待出货
				2018-4-15	2018-4-20	2018-4-22	

（3）外协生产工艺协同与控制。企业对部分工艺有特殊要求，会对其进行控制，并与外协生产企业协同。可以使用外协生产工艺协同表来进行工艺协同与控制，如下表所示。

外协生产工艺协同表

订单	产品	料号	预计交货日期	注塑	喷涂	预计出货	收货
F00011	手机外壳	TW350005	2018-5-1	放行	等待指令	2018-4-20	未收

3.2.11 生产过程追溯的要点

3C 行业建立全面的追溯体系和管理机制，通过信息系统连接行业协同制造群，对于产品追溯、召回，减小对消费者的影响至关重要。同时，对有问题的物料、生产过程、生产企业进行追责，形成良好的制造生态。基于信息化系统，能快速进行产品过程、生产工艺、原材料、物流环节的追溯。追溯管理的流程如下。

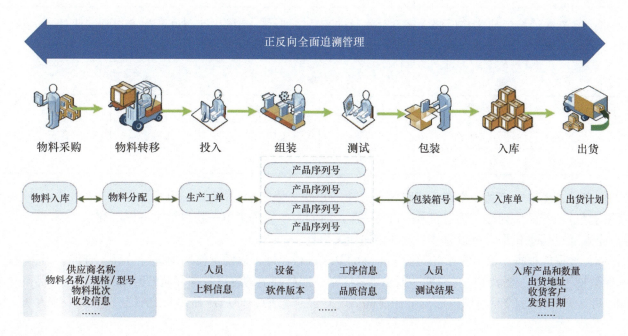

追溯的具体要点如下。

(1) 追溯方式：通常会采取正向和反向两种追溯方式。

- 正向追溯：主要基于生产工单（MO）或产品序列号进行，可以追溯当前所生产产品的进度，经过了哪些工序，是否一次性通过测试等。示例见下表。

正向追溯示例

工单	工单明细	生产过程	上料信息	产品序列号	生产状态	生产线	生产日期
MO008	查看	查看	查看	HS009003	进行	C02	2018-3-1
	可以追溯	可以追溯	可以追溯				

- 反向追溯：指产品流入消费者或客户返修、客诉时，通过产品序列号，追溯生产时间、生产过程、工序、人员，使用了哪些有问题的原材料，原材料批次信息，供应商生产日期。示例见下表。

反向追溯示例

生产过程	上料信息	产品序列号	工单	生产线	工序	操作人员	操作时间
查看	查看	HS009003	MO008	C02	上料	李三	2018-3-1
查看	查看	HS009003	MO008	C02	测试	张云	2018-3-1

正向追溯管理的信息链：工单—产品—生产工艺路线—物料—工序—测试信息—完工—出货。

反向追溯管理的信息链：产品序列号、物料料号—产品—生产时间—产线—工单—物料批次—供应商。

（2）追溯途径：企业通过信息化平台可以直接查询和传递相关信息。

（3）追溯数据存储：数据应根据产品分类及相关国家标准的要求进行存储，以便保修期内进行追溯、查询，为相关服务提供数据。例如，3C行业产品的保修期不同，企业承诺的保修期一般是1～3年，产品制造的过程数据存储的时间不应小于产品本身的保修期。

（4）数据存储时间＞产品本身的保修期：数据存储时间大于产品保修期，即从产品出货之日起，数据存储最短截止到产品保修期结束。

3.2.12 全面质量管理

企业全面质量管理（TQM）包括原材料进料、生产试制、在线巡检、完工检验、出货检验等质量控制体系，会用到统计过程控制（SPC），以提升产品质量。

3.2.13 IQC（来料质量控制）管理

协同制造商原材料、部件质量检验，根据检验项目及检验标准，对批次物料进行全检或抽检，检验合格，物料入库。具体工作内容如下。

（1）严格按检验标准检验原材料。

（2）系统填写检验记录表。
（3）系统对原材料异常进行呈报。
（4）对原材料进行标识（如将一维条码、二维条码作为标签）。
（5）负责对货仓物料员的检验报告进行签收。
（6）就生产线投诉的物料质量问题，对货仓库存物料进行重新检查。

3.2.14　IPQC（制程质量控制）管理

产品制程中的巡检，基于各个工序操作人员的作业方式、方法进行检查，对控制计划中的内容进行点检，包括样品试制过程中的检验、首件检查。具体工作内容如下。
（1）对生产过程中的产品进行检验，并做好记录。
（2）根据检验记录填写检验报告。
（3）对检验发现的问题提出改善对策。

3.2.15　成品质量控制

成品质量控制（FQC）是最终检验，产品生产完成，入库前，需要进行抽检，依据抽检样本的检验结果进行质量判定。

3.2.16　出货质量控制

出货质量控制（OQC）是产品出货前的检验，依据检验规则抽检，形成出货检验报告。

3.2.17　统计过程控制

通过统计过程控制（SPC，Statistical Process Control）工具，对生产过程进行分析，通过管制图来进行质量诊断和改进。管制图包含计量型和计数型两种，统计分析方式包括 Xbar-R、Xbar-S、CPK（过程能力指数）、PPM（百万分之不良）分析等。SPC 统计分析图表如下页图所示。

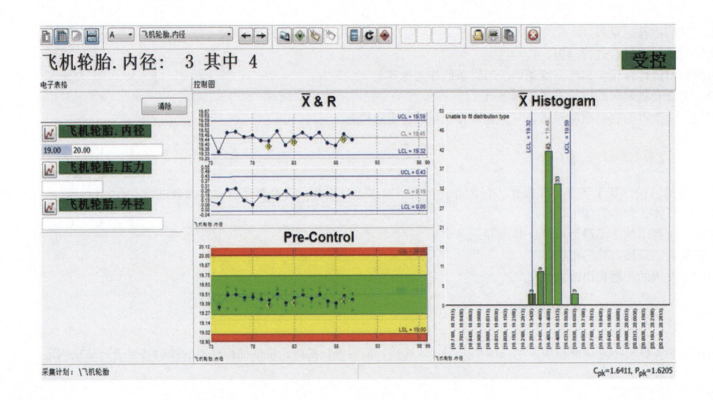

3.2.18 设备管理

设备管理包括设备档案及登记、保养、点检、维修、备件管理、设备故障记录及分析、设备效率提升等。

- 设备档案及登记：设备档案包含设备编号、设备名称、设备规格、采购日期、安装日期、验收日期、基本参数、配件信息等。
- 设备保养：设备保养指设备按照厂商标准进行润滑、更换零部件、清洗等项目，指定保养计划，管理保养过程并记录相关信息。
- 设备点检：点检指设备日常运维的检查，同样需要记录点检的时间、项目及结果，目的是确保设备无隐患，生产顺利进行。
- 设备维修：设备维修分为报修、送修、费用等管理。
- 设备备件管理：设备备件管理指设备零部件的登记、库存、领用及请购等流程。

- 设备故障记录及分析：主要指对设备运行中故障的原因、故障时长、处理的时间、多次故障发生的间隔时间等进行分析，通常通过 MTBF（平均无故障工作时间）、MTTR（平均修复时间）等指标来进行评估。设备管理的具体流程及部分场景如下。
- 设备效率提升：主要包括设备 OEE 分析，设备故障原因分析，设备开机、停机、运行的分析等。

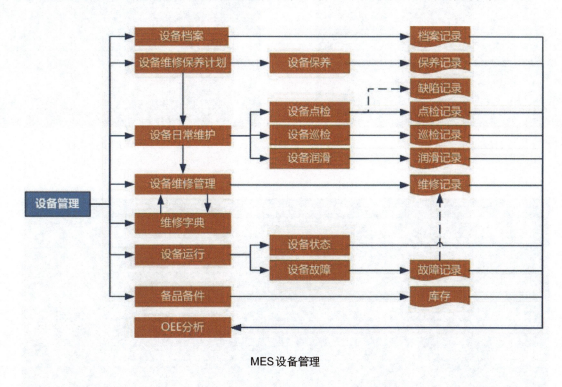

MES 设备管理

3.2.19 看板管理

看板管理（Kanban Management）通常分为产线、车间、工厂三级的可视化管理，看板集中展示生产计划、达成、质量、物料、设备、人员等信息，以及制造经营数据等。

MES 设备保养和维护　　　　　　　　　　MES 追溯管理设备点检

示例如下图所示。

3.2.20 与其他系统、自动化集成

MES 通常会与企业五大核心应用系统中的其他系统进行集成，实现流程自动、智能、全面管控。工厂五大核心系统包括 ERP 系统、PLM 系统、SRM 系统、WMS 系统、MES，此外 CRM、工作流系统等也十分重要，如下图所示。

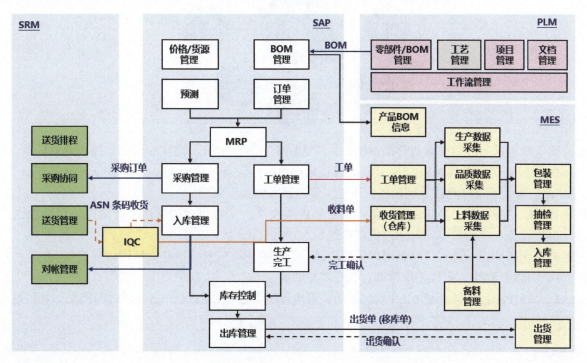

MES 应用于智能制造及智能工厂时，常与自动化设备、感知装备集成，常见的有机器视觉、PLC、工业采集器、PC、RFID 识别等，协议有 PLC、OPC UA、RS-232、RS-485 等通信协议，通过协议完成生产过程、设备的数据采集和交互。

集成方式与常见技术参考下页图。

- PDA（移动终端）：作为手持设备，通常用于物料数据采集、出入库、点检等场景。
- PC/手机：通常作为现场作业的数据查询和管理的工具，利用移动端的 App 可以随时随地了解制造的相关信息。

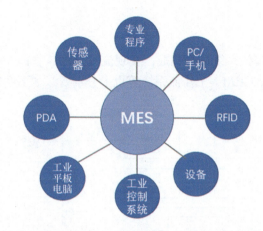

- 工业平板电脑：属于线上采集终端或人机界面的硬件，广泛用于上料、维修、检验、设备监控等业务场景。
- 设备：设备采集的数据需要反馈到 MES，主要读取设备运行数据，设备故障时间，设备 OEE，设备产量、良品率，设备异常监控等。同时，MES 也可以下发作业指令到设备，通过工业控制系统实现集成。
- 工业控制系统：如 PLC 控制系统，MES 通常会与 PLC 系统等交互，实现指令的下达、反馈，应用场景比较丰富，如自动化线、机器人工作站、加工设备、立库等都需要通过控制系统和 MES 进行交互。
- 传感器：传感器应用比较广泛，通过传感器可以采集产品、设备的相关信息，这些信息可以反馈到 MES。
- RFID：一种标签，可重复利用，支持感应读取，有可擦写功能。
- 专业程序（Agent）：如检测程序等，与 MES 实现互通，采集程序参数和数值到 MES，同时与产品信息关联。

第 4 章　MES 实务操作

4.1　MES 操作

本章重点从 MES 功能操作出发，通过对 MES 功能和操作的介绍，帮助读者迅速了解 MES 管理的背景和业务管控点，更加具体地了解和熟悉系统。

本系统是基于工业 4.0、智能制造体系设计，同时结合 15 年的离散行业管理和 MES 应用经验打造的，面向下一代的先进的 MES 平台，广泛适用于高科技行业、3C 行业、汽车零部件、装备制造等多个行业。MES 包括工厂建模、工艺路线、物料管理、生产管理、数据采集、条码打印设计、投料、组装、测试、质量等管理模块，还包括维修管理、返工管理、设备管理、报表管理、看板管理等功能。

4.1.1　系统管理

登录 MES 制造执行系统。

输入用户名（默认为 admin）、密码（默认为 123）。

可以在 MES 中进行的系统管理操作如下。

- 组织机构：维护企业组织机构。

- 角色管理：维护系统角色，可以为角色添加权限。

新增角色并添加权限。

- 用户管理：添加系统登录用户，并可以分配角色与权限。

新增用户信息操作。

- 语言列表：维护系统的多语言版本。

- 审计日志：显示用户的操作记录信息。

- 设置：用来配置系统的登录域名、用户信息、邮箱信息等。

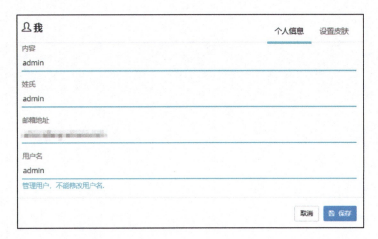

- 数据字典：用于设置系统中的 Key-Value 数据源参数。

- 邮件发送：选择组织机构，或者输入邮箱信息，向指定用户发送邮件。

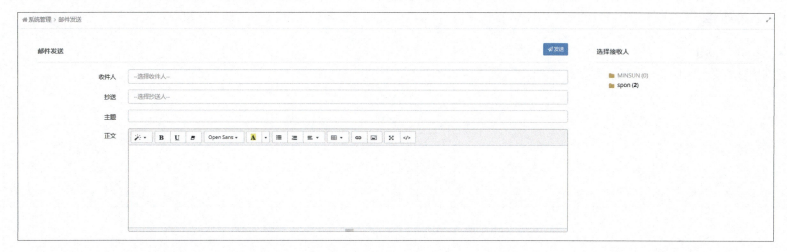

- 消息发送：选择系统中的用户，向指定用户发送消息。

4.1.2 基础管理

- 生产时间定义

班制维护：维护工厂的班制信息。

单击"新增"，输入班制代码及班制描述。

班次维护：维护工厂的班次信息。

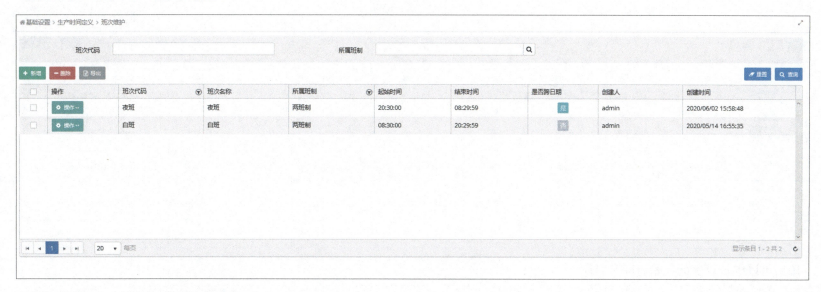

单击"修改"，可以更改班次相关信息。

时段维护：维护班次下的时段信息。

单击可以维护班次的起始时间和时段。

- 工厂布局定义

工厂维护：维护工厂信息，包括工厂名称、工厂代码等。

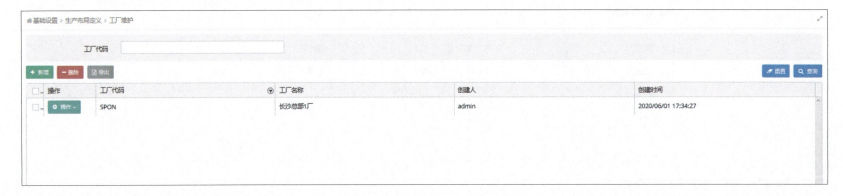

车间维护：维护工厂的车间信息。

可以通过新增、修改、删除等按钮完成信息的变更。

生产线维护：维护工厂的产线信息，包括车间的生产线代码及生产线名称。可以根据工厂实际情况灵活定义。

岗位资源维护：维护工厂的岗位资源信息，岗位资源依附于工厂产线。岗位资源又会与工序信息绑定起来进行管理。一道工序可以设置多个资源点。

操作	资源代码	资源名称	所属生产线	创建人	创建时间
操作▼	HRCARTONNIGHT	晚班包装工位	PDLINENIGHT	admin	2017/12/21 13:23:13
操作▼	HRCARTONDAY	白班包装工位	PDLINEDAY	admin	2017/12/21 13:22:28
操作▼	HRTSNIGHT	HR晚班测试工位	PDLINENIGHT	admin	2017/12/10 14:35:34
操作▼	HRTSDAY	HR白班测试工位	PDLINEDAY	admin	2017/12/10 14:35:01
操作▼	HRCINNONIGHT	HR晚班组装工位	PDLINENIGHT	admin	2017/12/10 14:33:44
操作▼	HRCINNODAY	HR白班组装工位	PDLINEDAY	admin	2017/12/10 14:33:00

- 生产工艺路线

工序维护：维护产品的生产工艺路线的工序信息。工序具有不同的类型，不同的工序类型对应着不同的生产采集操作。工序信息需要绑定岗位资源，当进行生产采集时，需要通过登录岗位资源点进行操作，从而判断出当前进行的是哪道工序。

操作	工序代码	工序名称	必过工序	资源列表	工序类型	工序属性	创建人
操作▼	WX	维修工序	是	查看	维修工序		admin
操作▼	HHMJ2	后焊目检2	是	查看	普通过站	产出工序	admin
操作▼	HHMJ1	后焊目检1	是	查看	普通过站	产出工序	admin
操作▼	THT1	插件1	是	查看	普通过站	投入工序	admin
操作▼	AOIB	AOI检测B	否	查看	测试工序		admin
操作▼	SMTB	贴片B	是	查看	普通过站	投入工序	admin
操作▼	XGB	锡膏印刷B	是	查看	普通过站	投入工序	admin

绑定岗位资源点。

工艺路线维护：维护产品的生产工艺路线信息，并为工艺路线选择工序。"工艺路线维护"维护的工艺路线是标准工艺路线，可以用于具有相同生产工艺路线的产品。

一个生产工艺路线，是由不同的生产工序组成的，而且生产工序是有顺序的，通常情况下不允许跳站执行。工艺路线的设计，就是从工序列表池拖入相应的工序，组成图形化的产品工艺路线，再设置好工序的属性和类型。

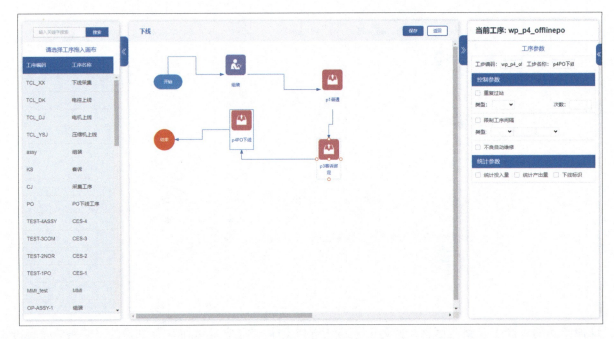

- 产品资料维护

产品别维护：添加产品别信息。产品别是不同产品的归类，同时产品别也关联着产品的不良代码、不良原因组、产品不良的解决方案等基础资料信息。

给产品别添加不良信息。

产品维护：维护工厂产品信息，主要维护待生产的产品信息，需要设置产品别、管控类型等信息。设置了产品别，当产品出现不良时，系统可以自动匹配对应的不良代码与解决方案。

产品生产工艺路线：维护产品的生产工艺路线信息。"工艺路线维护"维护的是标准工艺路线，而"产品生产工艺路线"可以在标准工艺路线的基础上，进行适当的基础资料修改。一个产品可以有多个"产品生产工艺路线"，因而可以设置"默认生产工艺路线"。

单击"操作"下的"编辑产品工艺路线"，单击"新增"导入生产工艺路线信息。

产品BOM维护：维护产品的BOM信息，以及工序的BOM信息，指导生产产品时的用料。

单击"导入产品BOM"，下载模板并导入BOM信息。其中，物料料号为需求物料的料号，替代料料号为可上物料的料号；如果需求物料就是所上物料，那么物料料号与替代料料号相同。BOM版本必须填写，相同的产品可以有不同的BOM版本。在下发工单的时候，需要填写指定的 BOM 版本，以便知晓具体按照哪个 BOM 进行上料。

导入 BOM 信息后，会提示导入信息是否有误，如果没有错误，单击"保存"保存产品的 BOM 信息。

在保存完产品的 BOM 信息后，单击"编辑工序 BOM"，维护组装工序的上料 BOM 信息。

- 物料资料维护

物料组维护：维护物料组信息，以及物料的检验信息。物料组是对不同但可能具有相同特性的物料的归类，可以设置物料的检验信息，以便进行来料检验。

设置物料的检验信息，如果"免检"，则无须填写检验类型；如果"全检"，则该类型下的所有物料都需要检验；否则，按 AQL 标准进行抽样检验。选择"自动调整检验水平"，就可以使系统在对多批次的产品进行检验后，根据调整条件自动调整检验水平。

"检验类型"的选项来自"品质管理"下"IQC"的"检验类型"。默认水平有"正常""放宽"或"加严"三个选项。"正常水平""加严水平""放宽水平"与 AQL 标准均来自"品质管理"—"来料检验管理"—"IQC 抽样检验维护"管理页面。

物料管理：维护工厂的物料信息，通过设置物料的物料组信息，来确定哪些物料需要进行 QC 检验。

- 供应链维护

供应商维护：用于维护工厂的供应商信息。

客户维护：用于维护工厂的客户信息。

- 标签内容维护

条码规则维护：用于维护各类条码信息，主要包括"产品条码""物料条码""包装条码"等。

- 维修资料维护

用于维护产品的不良代码、不良原因、不良解决方案、不良责任别等信息，与产品别信息关联。当产品出现不良时，需要根据产品别找到对应的不良原因与解决方案，进行维修处理。

4.1.3 仓库管理

- 仓库基础资料

库房维护：维护仓库的库房信息，仓库可以分为"原材料仓""半成品仓""成品仓"。

储区维护：维护仓库的库房储区信息，一个库房又可以分为多个储区。

货架维护：选择库房、储位信息，即可生成货架信息。不同的储区上可以有不同的货架信息，不同的货架又可以分为多个储区。储位代码由"库房代码 - 储区代码 - 货架代码 - 当前层位置"组成。

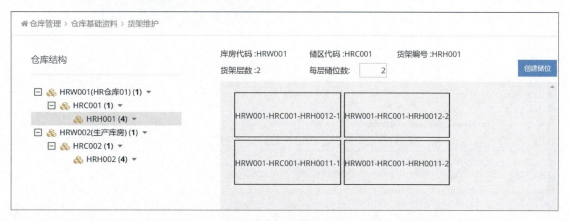

每个储位还可以设置是否可以放置物料，以及是否可以放置不同的物料，即是否允许混料。

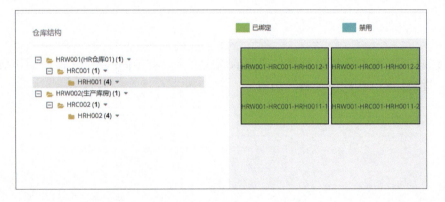

储位物料维护：用于维护储位存储的物料信息。双击"储位"，弹出储位物料信息的窗口，单击"新增"，选择对应的物料即可。已绑定或禁用的储位，会用不同的颜色标注出来。

- 入库业务类型

用于维护入库业务的类型。入库业务类型分为"生产性入库""非生产性入库"。像"半成品"入现场仓或"成品"入成品仓，都属于生产性入库，而原材料入库则属于"非生产性入库"。

- 出库业务类型

用于维护出库业务的类型。设置时需确定是否支持"先进先出"原则。

- 入库管理

收料单维护：用于维护物料收料单信息。对外采购原材料后，物料入库，需要填写收料单，并进行送检，检验合格后才能入原材料库。

新增收料单信息。

新增收料单后，需要进行送检操作。送检后，需要到"品质管理"—"来料检验管理"—"IQC检验"页面进行检验结果维护。只有检验合格的物料才能进行入库操作。

物料收料入库：将收料单上的检验合格的物料收料入库。

单击"生成/查看"生成物料条码信息，选中记录打印条码。

生成后，选择储位（库位）信息，选择入库业务类型，单击"接受"完成入库操作。

批管生产入库：将生产的"半成品"或"成品"入库。选择"存储位置"需要设置储位的物料信息。半成品需要被当成物料信息在物料表中维护，才可以设置储位（库位）的物料信息。

选择"存储位置"及"入库类型",再输入"产品序列号"即可入库;勾选"移除"则可以取消入库。单击"入库",将产品序列号对应的产品入库;单击"清除",将缓存的产品序列号清除,取消入库。

单管生产入库:将生产的"半成品"或"成品"入库。选择"存储位置",需要设置储位的物料信息。半成品需要被当成物料信息在物料表中维护,才可以设置储位的物料信息。

选择"存储位置"及"入库类型",再输入"产品序列号"即可入库;勾选"移除"则可以取消入库。单击"入库",将产品序列号对应的产品入库;单击"清除",将缓存的产品序列号清除,取消入库。

注：批管控和单管控在系统中的操作类似，不同的是，批管控是以最小包装或最小批次为单位进行管控，一个批次可能有多个物料或产品；单管控则是每个物料独立管控。比如，批管控是一个批次赋予一个条码，单管控则是一个物料或产品赋予一个条码。

- 出库管理

出库单维护：物料原材料出库时需要提交出库作业单。出库单所选目的储位必须能够存储出库单需要出库的物料。

先要将原材料或半成品从某个储位移到另外一个储位。如果目标储位只能存储一种物料的话，出库单上只能填写同一种物料。出库明细需要填写工单代码，以便知晓物料出库对应的是哪个工单。

物料出库作业：选择出库单号，输入物料条码，进行原材料出库。

输入物料收料入库时的物料条码信息，条码扫描完成后，单击"出库"进行出库操作，单击"清除"取消待出库的物料条码信息。如果是批管物料，当批次数量比需求数量大时，需要进行拆批操作，输入新批号后单击"保存"。

出库完成。

成品出库单维护：维护成品出库信息。产品生产完成后，出库发货，需要提交成品出库单。

新增成品出货单信息，成品明细需要选择工单代码，关联工单，绑定出库产品与相应的工单。

成品出货：选择出库单，按照出库单要求进行扫描出货。输入产品序列号信息，对产品进行出货操作。

出库单号	POUT201712290002	出库单状态	新建		备注	
出库类型	出库业务001	客户名称	CS001			

行号	产品料号	产品名称	计划数量	已出货数量	本次出货数量	明细	工单代码	合同号	订单号
1	HRITEM	HR产品	100	0	0	查看	MO201712110...	111	11

输入产品序列号信息，单击"出库"完成出库操作，单击"清除"取消产品出库。

出库单号	POUT201712290002	出库单状态	出库中		备注	
出库类型	出库业务001	客户名称	CS001			

行号	产品料号	产品名称	计划数量	已出货数量	本次出货数量	明细	工单代码	合同号	订单号
	HRITEM	HR产品	100	2	0	查看	MO201712110...	111	11

- 仓储 PDA 端应用

仓储管理作业时，仓库管理人员通过 PDA 来实现物料和成品的出入库、上下架、盘点、扫描复核等工作，数据与服务器同步，实现仓储数字化管理。

4.1.4 生产管理

- 工单管理

工单维护：维护工单信息并安排工单生产。新增工单信息时，需要选择产品料号，以及工单 BOM 版本信息，工单 BOM 版本信息需要与产品 BOM 信息一致，以便知道需要通过哪个版本的 BOM 来进行产品的生产。

新增完工单代码后，工单需要"下发"后才能进行生产。针对工单，可以进行"下发""取消下发""暂停""取消暂停""强制关单"等操作。"取消下发"直接在下发状态下进行。只有当工单状态是"生产中"时，才可以进行"暂停""取消暂停"操作。"强制关单"后，工单就无法继续生产了。

下发工单时，系统会显示出产品的默认生产工艺路线，可以直接采用，也可以选择产品的其他工艺路线进行生产。

工单派工：将计划生产的工单安排给具体的班组进行生产，也可以选择对应生产的岗位资源等信息。

第4章 MES实务操作 93

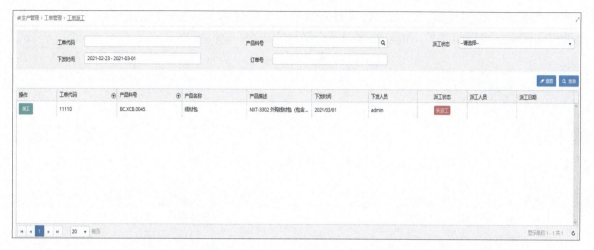

班组信息需要在"绩效管理"—"班组维护"下进行维护。工单派工之前,需要对产线进行排班操作。
派工查询:查询已派工工单的派工信息。对于已派工号的工单,可以在"派工查询"页面进行信息查询。

工单生成产品序列号：根据工单信息生成工单需求数量对应的产品序列号信息。生成产品序列号后，可以将产品序列号打印出来。可以填写生成数量，分批打印，系统可以将工单下的产品序列号全部打印出来。

- 报工管理

工序报工：针对某个已派工的工单，岗位人员完成自己的工作后，需要进行报工操作。输入工单代码后，按回车键，选择需要报工的"工序代码"，然后输入提交数量，单击"提交"即可。

- 备料作业

岗位备料信息：岗位备料，是为上料工序准备原材料的工序，与岗位资源相关联。登录"岗位资源"，针对产品的上料BOM信息，对上料BOM的物料进行备料操作。输入物料条码信息，进行岗位备料。

- 生产作业

上料采集:上料采集操作,是按照工单的生产 BOM 信息组装产品的操作。按顺序一步一步扫描组装的物料的条码,系统会自动判定这是不是该产品、该工序的物料，直到产品组装完成。首先输入产品序列号信息，会提示所需物料信息。如果所需物料已经在登录的"岗位资源"上进行备料，则优先核扣已备料的物料；如若物料备料不足，则会要求输入其他的属于该物料的条码，直至满足产品的物料要求。

然后，按照输入提示一步步上料，即可完成上料操作。

上料成功。再次输入下一个产品序列号，进行下一个产品的组装。

测试采集：上料组装完成的产品，一般都需要进行测试，以便记录采集所组装的产品是良品还是不良品。如果是不良品，则可能需要进行维修处理操作。

这里同样需要登录"岗位资源"，输入产品序列号，如果选择"良品"则直接采集过站，如果选择"不良品"，则需要选择产品的"不良代码"信息，然后单击"保存"，采集产品为不良品。

批次作业采集：批次作业采集针对的是批管控的产品。首先登录"岗位资源"，然后针对批管物料进行采集作业。先输入批次条码，如果选择的是良品，则直接保存良品数；如果选择的是不良品，则输入不良品数。备注信息，单击"保存"完成采集。

- 包装作业

箱号条码打印：打印箱号条码，产生包装箱号的条码，产生的条码可以与某个工单相关联，也可以只与产品相关联。"工单代码"与"产品料号"中至少要填写一个，然后填写装箱容量，单击"生产箱号条码"，自动生成条码信息。选择打印模板后，单击"打印箱号条码"进行打印操作。

包装采集：产品生产完成后，需要将产品打包、装箱。首先输入包装箱号，然后输入产品序列号，即可完成包装操作。如果包装箱已满，则无法继续包装，系统会提示需要使用新的包装箱。

- 维修管理

维修处理：在产品进行上料组装或测试采集的过程中，如果采集到不良产品，需要对产品进行维修处理。

选择不良原因、解决方案，以及不良位置、不良零件等信息，完成维修处理操作。

4.1.5 绩效管理

- 班组维护

维护班组信息，班组信息包括班组岗位人员、班组岗位资源信息。

为班组信息添加班组成员，班组成员信息来自"组织机构"，因此如果没有可选人员，需要先去"系统管理"—"组织机构"添加人员信息。

添加岗位资源信息，岗位资源信息来自"基础资料"—"布局空间定义"—"岗位资源维护"。

- 产线排班

针对当日产线，为产线安排人员与岗位资源信息，与班组信息相关联。

单击"岗位人员维护"，为不同的岗位设定人员，绑定人员信息。

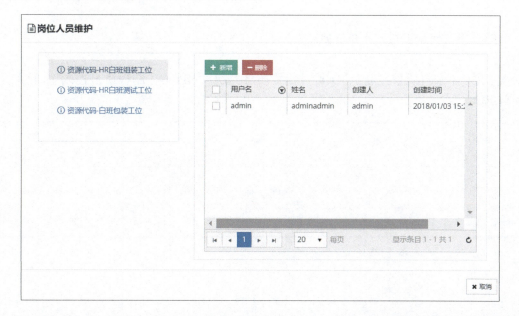

4.1.6 品质管理

- 检验项目维护

针对不同的产品，检验项目可能不同，也可能相同，因此需要新增检验项目来确定需要做哪些检验及实现检验项目的共用。

此处可以填写标准值，也可只填写检验项目，不填数值。

- 检验类型维护

检验类型有几个大的分类：IQC（来料质量控制），OQC（出货质量控制），IPQC（制程质量控制），FQC（成品质量控制），还有设备点检。检验类型与检验项目绑定。

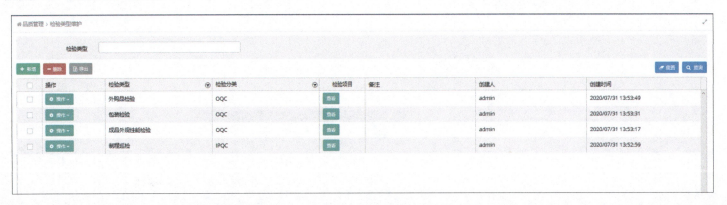

绑定检验项目。

- 来料检验管理

IQC 抽样标准维护：IQC 抽样标准用于维护 IQC 的抽样相关信息，与国际的 IQC 标准相统一。在新增"物料组"的时候，需要选择物料的"检验信息"，会使用到 IQC 抽样标准。检验水平的信息来自数据字典，需要在数据字典中进行维护。

IQC 检验结果维护：仓库提交收料单后，需要进行"送检"操作，根据收料单的物料检验信息进行抽检操作。

单击"检验"，弹出"检验结果"对话框，进行检验结果维护。抽检后，单击"保存"，完成检验。

- 过程巡检管理

巡检项目维护：在产品的生产过程中，针对产品的工序进行抽检。设定工序对应的检验类型，这样在某个产品的某道工序时，就可以知道对应的巡检检验项目的信息。

在巡检项目下，单击"添加检验项目"，从已经关联的检验类型下的检验项目中选择需要检验的项目，填好顺序，保存。

过程巡检:过程巡检是对产品生产过程中的某道工序进行检验。新增检验记录,输入工单代码,按回车键后,选择工序信息,这时系统会显示在该工序上需要抽检的批次数量。单击"保存",保存表头信息。

接着再单击"新增",进行抽检结果维护。

根据抽检批次数量，进行多笔操作，完成后再次单击"保存"，完成本次过程巡检操作。

- 出货检验管理

成品检验项目维护：成品检验项目主要针对产品进行检验，需要设置产品类型、检验类型。

在巡检项目下，单击"添加检验项目"，从已经关联的检验类型下的检验项目中选择需要检验的检验项目，填好顺序，单击"保存"。

成品出货检验：成品出货检验是对需要出货的成品进行检验。输入"销售订单号"与"工单代码"后按回车键，界面上会显示检验项目。进行检验操作，检验完成后，单击"保存"，完成检验。

4.1.7 设备管理

- 设备类型

包括设备档案登记、设备类型代码维护、设备描述等。

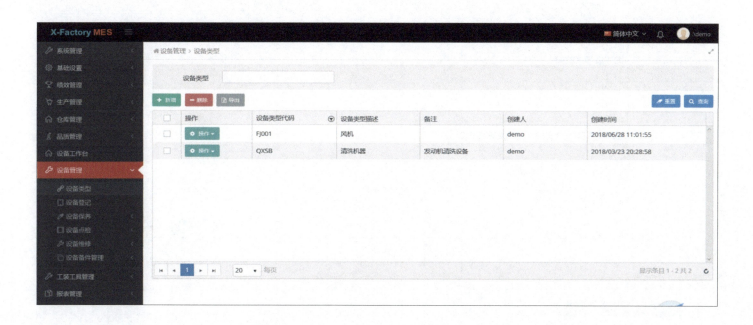

设备登记：设备登记主要维护的是设备基础信息，包括设备编号、设备名称、出厂日期、安装日期、使用日期、主要技术性能、主要技术文件及配套工具等。

- 设备保养

保养项目维护：维护相关保养项目及内容。

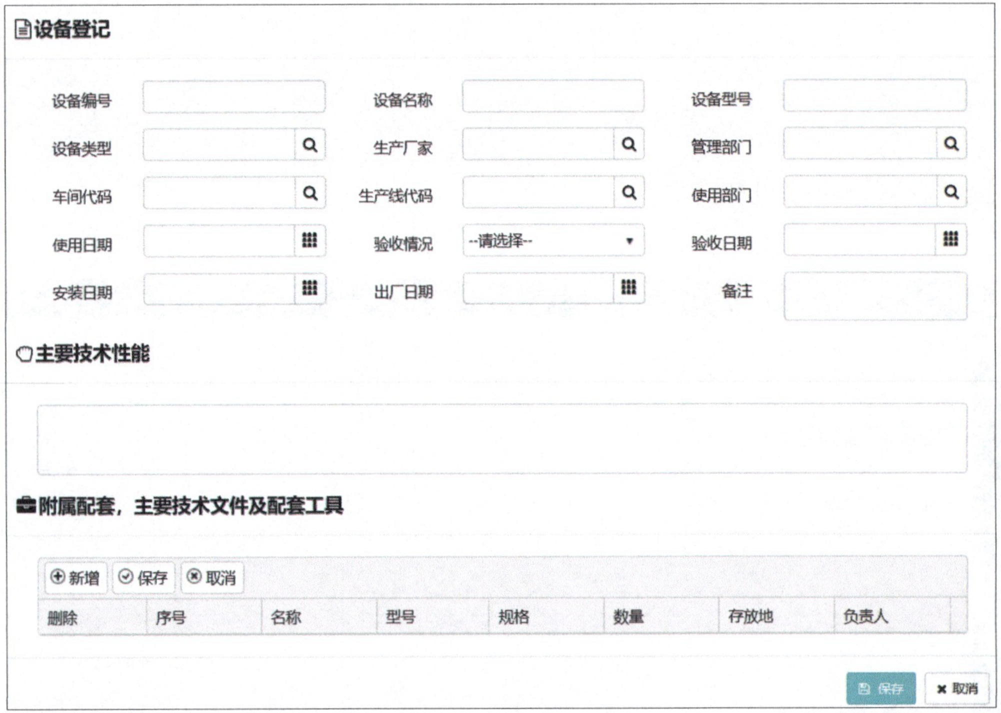

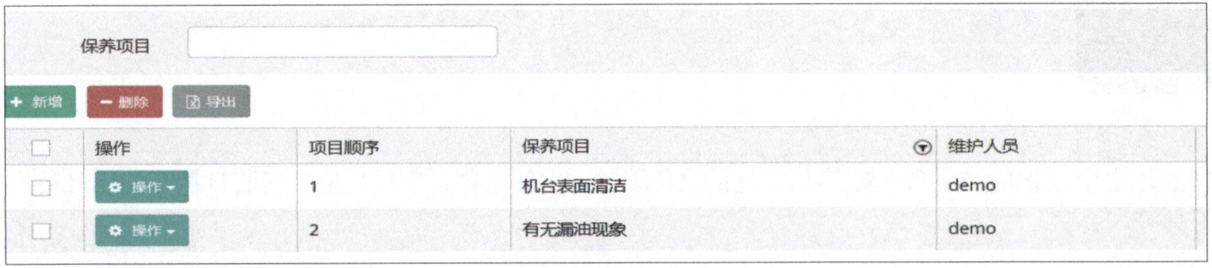

设备保养计划：设备保养项目顺序、保养项目名称、保养计划时间（周、月、年）。

设备保养维护：维护保养设备、计划，以及保养日期、人员及时间。

- 设备点检

设备检验项目维护：维护检验项目数据。

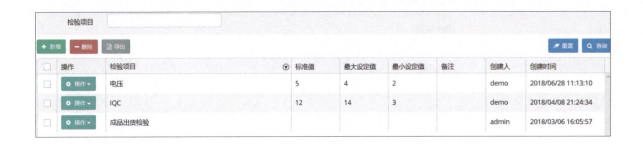

点检项目维护：维护点检项目数据及内容。

设备日常点检：点检作业管理，单击"点检"，按照项目及步骤完成相关工作。

- 设备故障报修

创建设备报修单，填写报修设备、时间、故障等信息。

- 设备故障维修

维修的流程一般是系统发起报修，然后维修人员记录维修的数据、时间、时长等。

设备报修信息					
报修单号	EQR202108130001	设备编号	002233	设备名称	清洗机
处理要求	紧急	报修人员	admin	报修时间	2021-08-13
故障现象	通电异常				

🥧 故障分析

☐ 是否硬件故障

☐ 是否软件故障

原因分析 [   ]   处理对策 [   ]

故障等级 ○ 事故   ○ 重大故障   ○ 严重故障   ○ 一般故障

☐ 是否停机

☐ 是否外修

☐ 是否完成

🧰 使用备件

备件编号 [   ]

序号	备件编号	备件料号	备件名称	备件型号	备件规格
1					
2					

- 设备备件管理

设备备件管理包括备件登记、库存、领退、异常处理等。

备件登记：输入备件基本信息、存储位置、使用寿命等。

备件领退：输入备件编码，确认后完成领用；退回时，输入要退回的备件的编码，单击"退回"，然后再单击"确认"保存即可。

备件异常处理：主要针对退回的需要维修保养或报废的备件进行处理。输入备件编码，选择"报废"，然后输入相关信息并保存，即可完成备件报废。

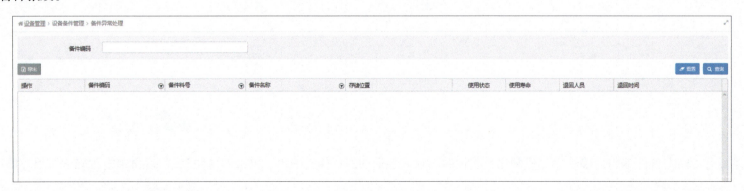

- 工装工具管理

单击"工装工具登记",填写相关信息并保存。

单击"操作"和"查看",可以看到工装工具类型的相关信息。

单击左侧菜单,进行工装工具登记,红色为必填项,需要事先维护好。

工装工具领用：单击左侧菜单，输入正在进行的工单和设备的编号，单击"领用"，完成工具的领用。

退回操作，选中"退回"，输入使用次数，再单击"退回"，实现工装工具的退回。

工装工具保养：输入工具编码、名称、型号、保养日期及内容。

工装工具维修：对需要维修的工装工具进行登记，输入相关维修信息。

单击"新增"，出现维护界面。

4.1.8 报表管理

单击左侧的"报表管理",查看相应的报表内容,可以通过时间维度、产品维度、工单类型来进行混合查询。

例如，输入工单号，单击"查询"，可以看到当前工单的产品、计划及实际达成情况等。

日期	线别	工单号	工单数量	产品编码	产品型号	当天生产数量	累计生产数量	达成率
2017/05/09	A	170500003	400	MK1C1FALEC1OA18		1	1	0.25
2017/05/12	A	170500002	300	MK1C3FALEC1OA13		1	1	0.33
2017/05/15	A	170500004	450	MK1C0FALEC1OA15		2	2	0.44
2017/05/17	A	170500006	250	MK3CKGSQIC1OA15		140	140	56
2017/05/19	A	170500005	250	MK1C3FALEC1OA13		119	119	47.6
2017/05/19	A	170500006	250	MK3CKGSQIC1OA15		89	229	91.6
2017/05/20	A	170500005	250	MK1C3FALEC1OA13		102	221	88.4
2017/05/20	A	170500010	100	MK1C3FALEC1OA13		79	79	79

- 工单达成率

大线代码	二级分类	三级分类		2009/11/11	2009/11/12	2009/11/13	2009/11/14	2009/11/15	2009/11/16	2009/11/17
T2	液晶	32	直通率	0.00%	96.50%	0.00%	26.67%	0.00%	32.35%	0.00%
			下线	879	30	2448	1676	0	503	0
			白卡数	854	13	2410	1590	0	492	0
T3	液晶	19	直通率	97.16%	43.33%	98.45%	94.87%	0.00%	97.81%	0.00%
			下线	0	0	0	0	0	0	0
			白卡数	0	0	0	0	0	0	0
T3	液晶	22	直通率	0.00%	0.00%	0.00%	0.00%	0.00%	0.00%	0.00%
			下线	0	0	0	0	0	0	0
			白卡数	0	0	0	0	0	0	0
T3	液晶	26	直通率	0.00%	0.00%	0.00%	0.00%	0.00%	0.00%	0.00%
			下线	1118	378	2	0	0	2	0
			白卡数	1072	371	2	0	0	0	0
T3	液晶	32	直通率	95.89%	98.15%	100.00%	0.00%	0.00%	0.00%	0.00%
			下线	302	795	754	1695	0	900	1000
			白卡数	299	618	543	1580	0	883	985

选择产品和日期，可以查看当天的工单达成情况等信息。

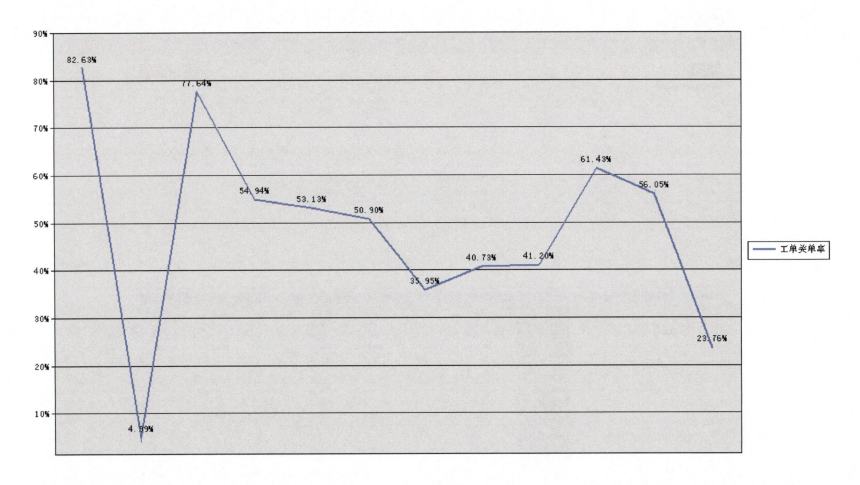

产品直通率查询。

- 追溯查询

产品追溯是 MES 的一个重要功能,包括生产中的产品追溯及售后退货产品的相关信息查询,主要目的是了解产品生产的数据链,以便更好地发现问题,提高工艺水平,改善产品质量,以及快速、精准地服务客户。

正向追溯查询:单击"查看",可以查询产品生产过程的相关信息,如工单的在制品(WIP)信息,产品生产进度,经过了哪些工序、哪些操作人员,使用的物料,生产时间等。

反向追溯查询：通过关键零部件料号，查询物料使用在了哪些产品上面，包括物料使用的时间、对应的工序及操作人员或设备信息。

操作	生产过程	上料信息	产品序列号	工单代码	工单明细	产品料号	生产状态	车间代码	生产线
导出	查看	查看	1810Q29077L	1682	查看	6.02.04.0001	良品	C01-总装车间	C0101-一线

可以通过在主查询界面单击"查看"，进行下一层数据的查看。

生产过程	上料信息	产品序列号	工单代码	工单明细	产品料号	生产状态	车间代码	生产线	资源
查看	查看	1810Q29077L	1682	查看	6.02.04.0001	良品	C01-总装车间	C0101-一线	G0104-一

- 良率、直通率分析

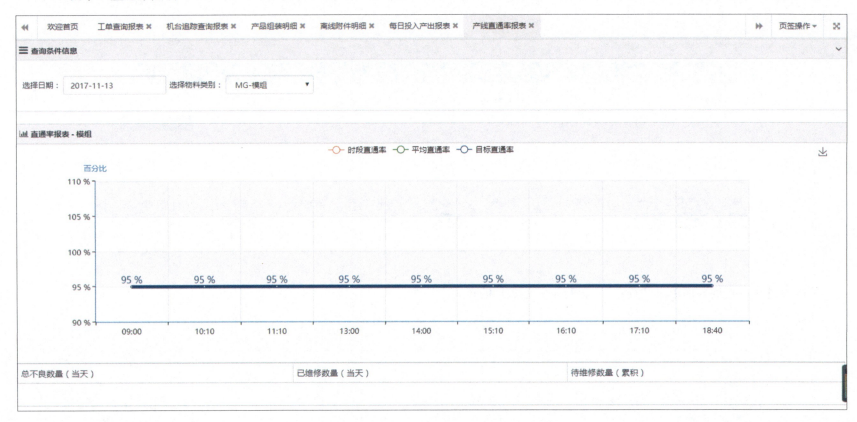

- 计划、达成分析

- 工时分析

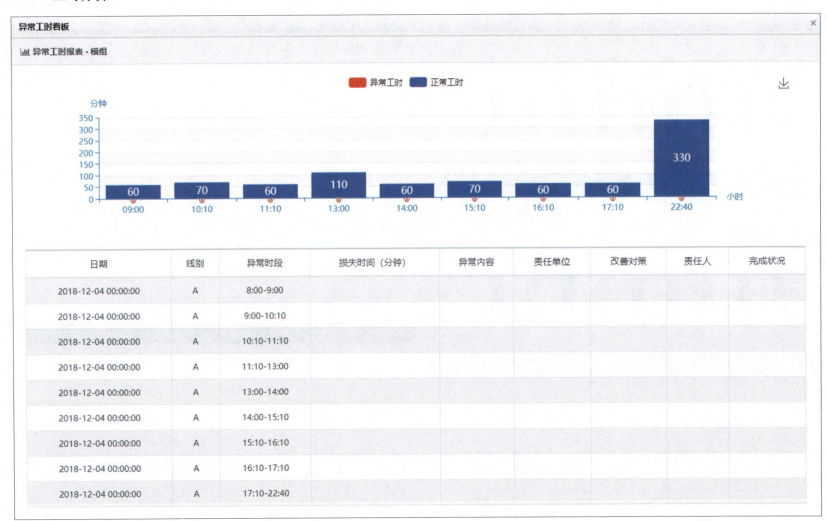

- 制造数字化经营动态监控

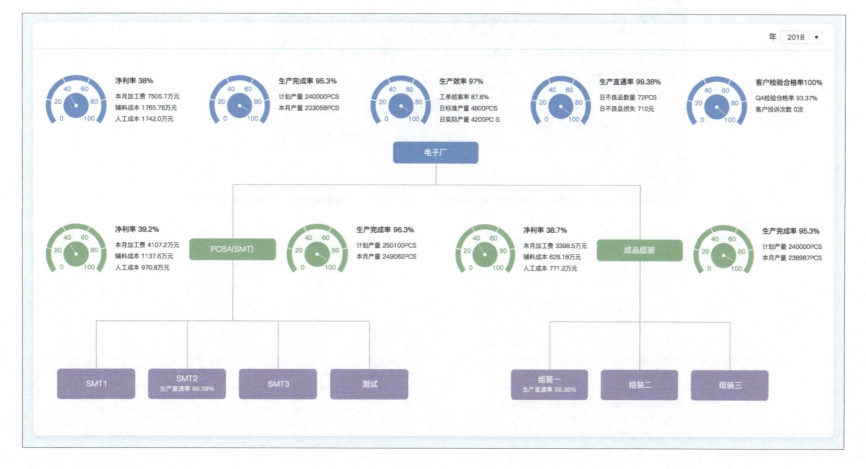

- 看板管理

单击配置看板内容。

配置看板数据。

工厂看板样式：主要体现生产任务、计划、实际达成，产品的时段产出、良率等，包括生产异常预警。根据看板的用途，可以基于产线，也可以按照车间和工厂的级别去定义和规划看板。

车间看板如下图所示。

车间人员利用移动设备核对机器、物料,如下图所示。

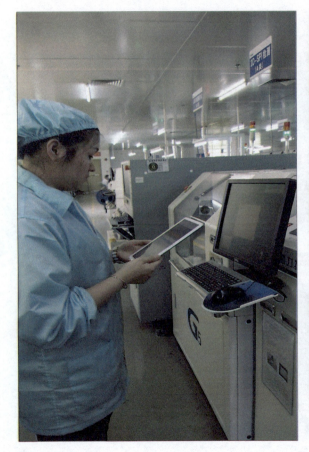

工厂数据中心如下页图所示。

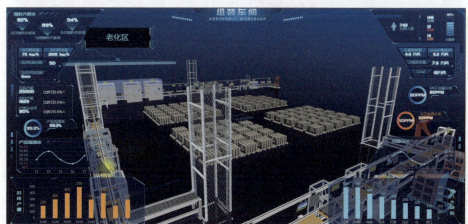

工厂数据中心是工厂运营数据的集中呈现,单击"打开",可以通过显示屏实时查看制造运营的相关数据和指标,如 MES 生产任务、进度、质量等信息,以及工厂能耗环境、设备物联等相关信息。

随着工业互联网的快速发展,移动应用在工厂的管理中起着越来越重要的作用,通过移动应用可以随时随地了解工厂运营的实时绩效,如材料入库情况、工单的进度、工单完工情况、产品品质数据、员工出勤、员工工时、制造成本、设备状态监控、设备故障分布等。

4.2　MES部署及网络架构

由于MES系统本身的数据量庞大，人机交互频繁，如果是物理上距离很远的、通过DDN/VPN进行连接的工厂，建议每家工厂使用单独的应用服务器和数据库系统；如果工厂在同一个产区范围内，可以采用同一套服务器。

另外，如果不同工厂所生产的产品类型相同，要将两个工厂的数据进行整合分析或比较分析，那么需要再设置一台DSS服务器，用于汇总两个工厂的生产、品质数据，进行综合分析，其MES硬件部署方式如下图所示。

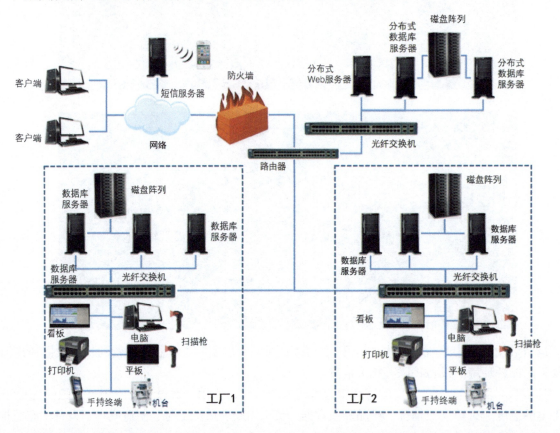

随着工业云技术的发展,越来越多的 MES 开始面向公有云或混合云进行架构设计,主要特点是部署成本低、易维护,更适合一般中小型企业,或者业务相对简单的企业。

MES 基于 .NET 或 Java 架构设计,客户端可以直接使用浏览器连接到系统进行使用,所以管理者既可以连接到相应工厂的服务器进行实时的信息查询与报表分析,又可以连接到 DSS 服务器进行综合查询分析。

4.3 系统硬件环境配置要求

要确保 MES 高效、稳定运行,应根据开发者的经验及环境,对企业部署过程中的硬件环境和软件环境做基本的要求。以下的配置和要求供专业人士参考。

实时数据库服务器配置要求如下表所示(此表作参考,不同技术架构的要求有所区别)。

实时数据库服务器配置要求

项目	最低配置	推荐配置
处理器	2个Intel Xeon 64位8核或AMD 64 Opteron处理器,主频2.0 GHz或以上	4个Intel Xeon 64位16核或AMD 64 Opteron处理器,主频2.8GHz或以上
系统总线	1066MHz系统总线	1333MHz系统总线
二级缓存	4MB 二级缓存	16MB 二级缓存
内存	32GB ECC Registered DDR 内存	64GB ECC Registered DDR 内存
磁盘	1TB × 4 SCSI Drive(RAID 0+1),10000转及以上	1TB × 4 SCSI Drive(RAID 0+1),2MB
I/O扩展槽	无特殊要求	
网络	2个冗余以太网控制器	
显示	无特殊要求	
电源	300W冗余式服务器电源	480W冗余式服务器电源
光驱	DVD ROM驱动器	
软驱	可无	
键盘鼠标	USB 键盘、USB 鼠标	

续表

项目	最低配置	推荐配置
集成I/O端口	USB 2.0接口	USB 3.0接口
支持操作系统	Redhat Enterprise Linux 5 64 Bit、Windows 2016 Server Enterprise Edition 64bit	
电源电压	200～240V 50Hz	
尺寸	无特殊要求	
数据库环境	SQL Server 2014以上版本	
其他	用于X-factory MES的数据库服务器必须是专用的服务器，不能和其他的软件共用服务器和数据库。建议采购具有高扩展性的Server，保证在CPU/内存/硬盘资源随应用负载的增加而出现瓶颈时的资源扩展	

注：实时数据库服务器需采用双机热备。

4.3.1 硬件配置方案

历史数据库服务器配置要求如下表所示。

历史数据库服务器配置要求

项目	最低配置	推荐配置
处理器	2个Intel Xeon 64位8核或AMD 64 Opteron处理器，主频2.0 GHz或以上	2个Intel Xeon 64位16核或AMD 64 Opteron处理器，主频2.8GHz或以上
系统总线	1066MHz系统总线	1333MHz系统总线
二级缓存	4MB二级缓存	16MB二级缓存
内存	32GB ECC Registered DDR内存	64GB ECC Registered DDR内存
磁盘	1TB × 4 SCSI Drive(RAID 0+1)，10000转及以上	2TB × 4 SCSI Drive(RAID 0+1)，2MB
I/O扩展槽	无特殊要求	
网络	2个冗余以太网控制器	
显示	无特殊要求	
电源	300W冗余式服务器电源	480W冗余式服务器电源

续表

项目	最低配置	推荐配置
光驱	DVD ROM 驱动器	
软驱	可无	
键盘鼠标	USB 键盘、USB 鼠标	
集成 I/O 端口	USB 2.0 接口	USB 3.0 接口
支持操作系统	Redhat Enterprise Linux 5 64 Bit、Windows 2016 Server Enterprise Edition 64bit	
电源电压	200~240V 50Hz	
尺寸	无特殊要求	
数据库环境	SQL Server 2014 以上版本	
其他	用于 X-factory MES 的数据库服务器必须是专用的服务器，不能和其他的软件共用服务器和数据库。建议采购具有高扩展性的 Server，保证在 CPU/内存/硬盘资源随应用负载的增加而出现瓶颈时的资源扩展	

4.3.2 Web 服务器配置要求

Web 服务器配置要求如下表所示。

Web 服务器配置要求

项目	最低配置	推荐配置
处理器	2个 Intel Xeon 64 位 8 核或 AMD 64 Opteron 处理器，主频 2.0 GHz 或以上	4个 Intel Xeon 64 位 16 核或 AMD 64 Opteron 处理器，主频 2.8 GHz 或以上
系统总线	1066MHz 系统总线	1333MHz 系统总线
二级缓存	2MB 二级缓存	4MB 二级缓存
内存	32GB ECC Registered DDR 内存	64GB ECC Registered DDR 内存
磁盘	512GB SCSI Drive，10000 转及以上	ITB SCSI Drive，15000 转及以上
I/O 扩展槽	无特殊要求	

续表

项目	最低配置	推荐配置
网络	1GB 网域控制器	2个冗余以太网控制器，1GB 数据传输率
显示	无特殊要求	
电源	300W 冗余式服务器电源	480W 冗余式服务器电源
光驱	DVD ROM 驱动器	
软驱	可无	
键盘鼠标	USB 键盘、USB 鼠标	
集成 I/O 端口	USB 2.0 接口	USB 3.0 接口
支持并发 Users	50~100	100~200
支持操作系统	Windows 2016 Server Enterprise Edition 64bit 以上版本	
电源电压	200~240V 50Hz	
尺寸	无特殊要求	
IIS	IIS7 及最新补丁	
其他	用于 X-factory MES 的 Web 服务器必须是专用的服务器，不能和其他的软件共用服务器，建议采购具有高扩展性的 Server	

注：使用者数目扩增太多时，请考虑配置多部应用服务器，以增进处理效能。

4.3.3 PDA 服务器配置要求

PDA 服务器配置要求如下表所示。

PDA 服务器配置要求

项目	最低配置	推荐配置
处理器	2个 Intel Xeon 64位8核或 AMD 64 Opteron 处理器，主频 2.0GHz 或以上	4个 Intel Xeon 64位16核或 AMD 64 Opteron 处理器，主频 2.8GHz 或以上
系统总线	1066MHz 系统总线	1333MHz 系统总线
二级缓存	2MB 二级缓存	4MB 二级缓存

续表

项目	最低配置	推荐配置
内存	32GB ECC Registered DDR 内存	64GB ECC Registered DDR 内存
支持并发 Users	50～100	100～200
支持操作系统	Windows 2016 Server Enterprise Edition 64bit	

注：PDA 通过远程桌面连接（Terminal Service Client）来访问 PDA 服务器，完成移动终端的资料采集。

4.3.4　Job 服务器配置要求

Job 服务器配置要求如下表所示。

Job 服务器配置要求

项目	最低配置	推荐配置
处理器	2 个 Intel Xeon 处理器，主频 2GHz 或以上	4 个 Intel Xeon 处理器，主频 3GHz 或以上
系统总线	无特殊要求	
二级缓存	无特殊要求	
内存	32GB ECC Registered DDR 内存	64GB ECC Registered DDR 内存
磁盘	512GB IDE	ITB SCSI,10000 转及以上
I/O 扩展槽	无特殊要求	
网络	1G 网域控制器	
显示	无特殊要求	
电源	无特殊要求	
光驱	DVD ROM 驱动器	
软驱	可无	
键盘鼠标	无特殊要求	
集成 I/O 端口	USB 2.0 接口	USB 3.0 接口
支持操作系统	Windows 2016 Server Enterprise Edition 64bit	

4.3.5 服务器放置的物理环境及温度、湿度要求

服务器放置的物理环境及温度、湿度要求如下表所示。

服务器放置的物理环境及温度、湿度要求

项目	夏季	冬季
温度	23 ± 2℃	20 ± 2℃
温度变化率	≤5℃/h	
相对湿度	50 ± 10	
洁净度	符合 ASHARE52-76 标准	
噪声	无特殊要求	

4.3.6 客户端软硬件配置要求

客户端软硬件配置要求如下表所示。

客户端软硬件配置要求

项目	最低配置	推荐配置
处理器	Intel 4 核处理器，主频 2.0GHz 或以上	Intel 8 核处理器，主频 2GHz 或以上
系统总线	533MHz 系统总线	667MHz 系统总线
二级缓存	256KB 二级缓存	
内存	4GB DDR 内存	8GB DDR 内存
磁盘	256GB IDE	512GB IDE
I/O 扩展槽	无特殊要求	
网络	10/100M 自适应网卡	
显卡	1GB	2GB

项目	最低配置	推荐配置
显示分辨率	1024×768及以上	
电源	无特殊要求	
光驱	可无	
软驱	可无	
键盘鼠标	USB键盘、USB鼠标	
集成I/O端口	无特殊要求	USB 3.0接口
支持操作系统	Windows 10	
电源电压	200~240V 50Hz	
尺寸	无特殊要求	
浏览器	谷歌浏览器	
其他软件要求	Microsoft Office 2010或更高版本	

4.3.7 网络配置要求

网络配置要求如下表所示。

网络配置要求

项目	最低配置	推荐配置
Protocol	TCP/IP	TCP/IP
其他	现场需保持网络的稳定和通畅，带宽及系统并发人数会对响应时间产生一定的影响	

4.3.8 高可用性方案

高可用性方案的设计根据企业可以接受的服务器故障时间及付出的成本来决定，常见的3种方案为DATAGUIDE（在Oracle中被称为

Standby 方法）、基于 Oracle RAC 的集群方案和双主机双 DB 方案。

考虑到 MES 的性质是不能出现服务器主机崩溃的，因此建议采用双主机双 DB 方案，即采用两台数据库配置相同的服务器，且数据库文件指向同一个磁盘阵列，如下图所示。

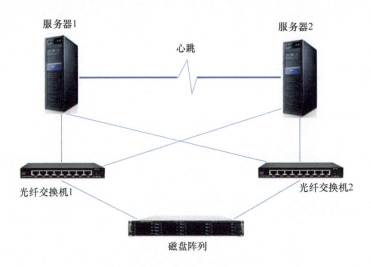

当服务器 A 崩溃后，服务器 B 能自动激活，并且因为数据库文件指向的是同一个磁盘阵列，所以数据不会丢失。数据存储在磁盘阵列中，磁盘阵列采用 RAID0，1，3，5，0+1 校验算法，保证数据安全。

4.3.9 数据备份方案

建议数据备份方法：采用 Veritas 备份软件进行集中式备份，即多台服务器的数据统一由 Veritas 备份到磁带库或其他备份设备上。
数据备份策略如下。

- 冷备份：利用节假日做 1 次冷备份。
- 增量备份：每天利用 RMAN 做一次增量备份。
- 全备份：每周利用 RMAN 做一次全备份。尽量利用休息时间进行，一般持续时间在 15 分钟以内。
- 日志文件备份：每天做 2 次，保留 1 年内的备份文件。

- 控制文件备份：每天做 1 次。
- 参数文件备份：每周做 1 次。
- 口令文件备份：每周做 1 次。

为了避免机房失火导致数据丢失而不能恢复到最近的数据的意外情况发生，热备份每周换一次磁带，每次换一盘，并存放到安全柜或其他安全场所中。日志文件备份在每个月的月末将磁带放入，备份完后再取出存放到安全柜或其他安全场所中。冷备份和逻辑备份每月换一次磁带，每次换一盘，并放到安全柜或其他安全场所中。这样磁带是交替利用的，可以确保当前磁带在使用时，还有另外的磁带被放置在安全柜或其他安全场所中。

4.3.10　数据迁移策略

数据迁移的目的是保证生产现场的数据采集速度和响应，将现场生产数据迁移到历史数据库，迁移的频率可以根据公司的数据量进行设定，如每月一次，将数月前的生产数据迁移到历史数据库（具体月数可以根据实际生产数据量及现场采集点数做适当调整）。

- 数据迁移方式：备份后系统将自动重建索引。
- 相关备注：由于需要处理的数据量较大，且需要重新对系统进行性能优化，因此耗时较长，大概在 1 小时以内。对数据库性能有一定影响，但不影响数据完整性。建议在休息或节假日不生产的时候进行。如果迁移时间较长，可以选择在连续两天休息的时候进行，每次针对不同的分区进行迁移。

第 5 章　MES 在企业中的应用

本章将重点介绍 MES 在企业中的应用及其案例，包括企业智能制造规划、建设 MES 的目标及行业应用的模型，通过实际的案例，帮助读者了解基于企业的制造管理平台、数字化工厂的 MES 相关技术和 MES 给企业带来的经济效益。

5.1　企业智能制造规划

智能制造将在统一架构基础上充分利用已有的成熟技术，持续优化。它包括从上游到下游的数字化价值链，通过研发数字化产品生命周期管理系统和制造执行系统，以及供应链管理系统、分销渠道管理系统（DCM）、客户关系管理系统等，结合工厂 SCADA 系统等，最终打造以信息物理系统为核心的数字化车间或工厂。

企业智能制造规划图示例如下。

总体来讲，企业智能制造应该从数字化研发、数字化工艺设计、生产线智能管控、智能生产线 / 生产单元、智能物流系统、基础网络与数据系统等方面进行建设。通过项目建设打造一个集制造自动化、装配柔性化、物流信息化、管理数字化的现代化车间，综合运用大数据平台，构建具有"动态感知、实时分析、精准执行、自主决策"功能的车间生产决策数字化管理平台，真正实现企业生产的精益化、可视化、自动化、数字化、智能化。

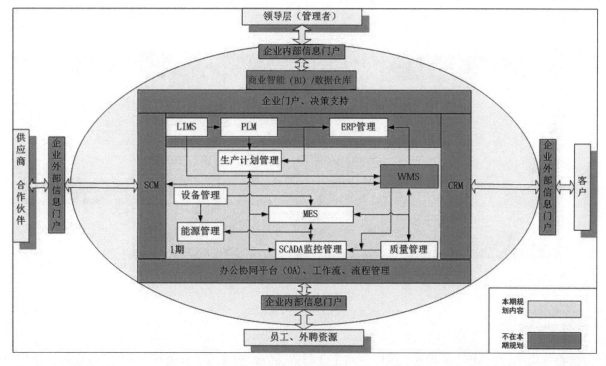

在企业智能制造、智能工厂规划中,作为制造过程和现场管理系统的 MES,是智能工厂的数字化核心应用系统,未来所有的产品制造过程、产品信息都通过 MES 完成生产与追溯,同时,MES 还用于监控生产过程、实时质量、进度等信息。以下是典型的企业数字化工厂系统集成建设架构规划。

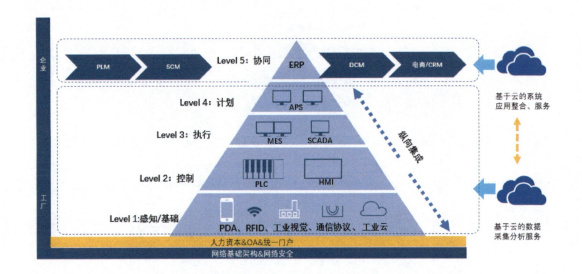

5.2 企业如何规划部署 MES

作为企业制造运营核心管理平台，MES 的规划和实施，对企业制造环节影响深远。在建设 MES 的过程中，考虑行业特性和制造模式的显著特点，针对不同行业、不同制造模式的企业，分析自身需求，进行合理规划，稳步实施，是非常重要的。

5.2.1 MES 建设目标

企业 MES 的建设，主要是整合制造执行层、设备层和协同运营层的数据和流程，实现工厂数字化管理，通过 MES 打造数字化制造平台；强化制造现场的人、机、料、法、环等管理，使生产工艺数字化，对制造过程进行管控，包括对设备及其状态的管理，进一步规范质量流程；与自动化、智能化高度集成，通过透明化、可视化，提高产品品质与工厂产能，降低对人的依赖，迈向数字化与智能化工厂，实现制造数字化新转型。

当然，最终企业是想通过系统建设实现以下的效益。

（1）提升产能，使生产更加柔性化，降低人工成本，增加效益。

（2）提升品质，降低次品率、不良率，品质管理智能化，产品工艺改善等。

（3）建成节能环保的工厂。降低能耗，推进制造绿色化，减少污染和浪费等。

（4）获取更多的订单和客户。通过可视化的制造过程，与客户实时共享数据和信息，加强与客户的密切合作，制造放心的产品。

（5）降低制造运营成本和风险。通过实时化、透明化管理，及时预知风险，及时处理异常，使制造风险降到最低。

以下是从管理单元角度分析的智能工厂体系架构。

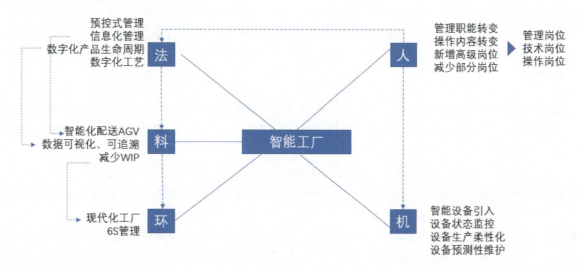

工厂管理者对 MES 的需求和愿景如下所示。

- 工厂厂长及总经理：期望看到季度的生产质量、订单达成、客户投诉、成本节约、环境能耗的可视化数据，及时掌握工厂运营动态，通过 MES 提供的充分、可靠的数据了解工厂的健康度，以便及时、精准决策。
- 计划部门的经理、主管：期望看到未来 24 小时或一周内，计划达成的情况和产能负荷情况，通过 MES 的数据反馈，更精准地掌握这些信息，以便应对急单、插单、特殊订单。

- 质量经理：不再人工收集数据，花大量的时间做报表，那样不仅浪费时间和精力，还会使数据的准确性大打折扣；期望通过 MES 实现全面质量管理的流程化、准确化，为质量部门分析的改善提供最直接、真实的数据。
- 工艺管理者：在工作中，经常针对新产品的导入、工程变更、工艺优化，与其他部门进行充分沟通，确保信息传递的准确性和及时性；期望通过 MES 实现轻松管理，大大降低管理的复杂性，克服沟通障碍。
- 仓库管理者：期望通过 MES，使物料管理进一步透明化，使自己对物料的有效期、库存都了如指掌。
- 采购部门人员：期望通过 MES，更好地平衡物料需求，识别最佳采购时机。
- 销售部门人员：期望当遇到客户的投诉时，能第一时间通过 MES 了解产品的生产过程和生产履历，以便发现问题，帮助企业挽回损失，或者更好地服务客户。

MES 还可以给客户提供完整的生产信息、质量信息及工艺信息，确保客户放心地把订单交给工厂，为工厂赢得更多业务机会。

5.2.2 企业需求分析框架

MES 应用的行业化非常明显，不同企业首先考虑自身所处的大行业及细分行业的制造特点，然后选择能体现行业化业务流程和功能特点的 MES 应用模型，然后制定符合自己的 MES 规划，同时从数字化工厂、智能工厂构建的角度考虑 MES 未来的扩展。

一、流程行业的 MES 管理重点

一般来讲，啤酒、奶粉等食品的生产，前端都是以自动化设备来完成的，如用储罐、反应釜等核心设备，同时其工艺特点是以配方为导向，生产过程数据采集和控制比较关键；后端都是以包装为主，包装方式大多是瓶装、桶装、罐装等，最终产品以装箱等形式完成。

对于制药企业来讲，完整的电子信息记录是必需的，并且工艺应符合国家及行业强制要求的标准，如 GMP 认证、追溯管理等。

在 MES 的部署过程中，人机交互、与 PLC 等控制系统集成，也是非常重要的。

流程行业智能工厂 MES 应用示意图如下图所示。

二、离散行业的 MES 管理重点

离散行业的范围比较广，电子、汽车零部件、装备、机械制造等，都属于比较典型的离散制造。离散制造可以分为几种形态，MES 在其中的应用的区别也比较大。

（1）以装配为主的生产。

生产过程主要分为半成品生产和组装两大部分。半成品可能是部件，如手机当中的 PCBA。SMT（表面贴装，需要行业化设备），属

于手机生产的前端，完成后的电路板为手机装配的部件；后端是组装、测试、包装等环节。

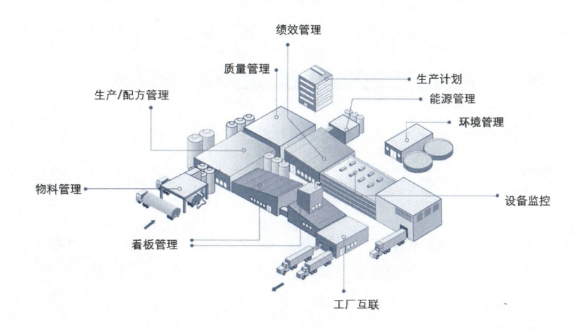

MES 管控以条码为主要载体的各个工序的数据采集的过程，来完成对生产状态和质量的追溯。应用比较广泛的有纸质的条码、激光镭雕的二维码。要标识一维码还是二维码，以及条码的工艺等，都是根据企业的实际情况和经济情况来做选择的。

MES 在 3C 组装行业的应用模型如下图所示。

（2）以数控、注塑为主的加工及生产。

这种制造类型的企业，工艺复杂，甚至在进入数控加工环节前，还有毛胚的冶炼、铸造等环节。铸造好的部件进入数控车间，再到数控中心，通过车床、铣床来进行进一步的加工。通常，MES 需要管控设备的参数、刀具、加工进度、完成情况及良品率。MES 数据采集的方式以与设备交互为主，通过协议或采集模块来获取相关信息。MES 模型和重点也与以装配为主的生产不相同。

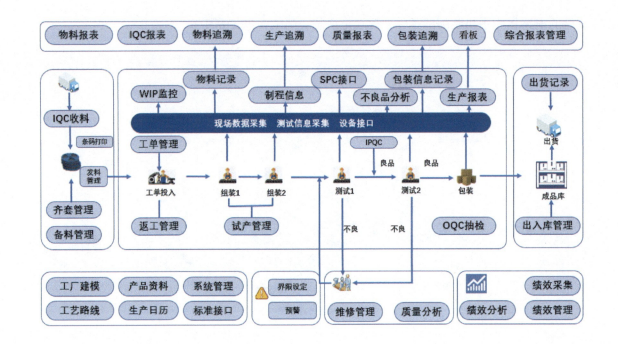

5.2.3 企业MES业务架构与功能设计

企业MES业务架构与行业和制造管理的特点密切相关，在离散行业或组装行业，通常可以分为几大部分：原材料管理、生产工艺、工单管理、上料/组装采集、质量管理、测试管理、维修管理、追溯管理、包装管理等。当然，除了核心管理单元，MES对数据的分析和应用还可以扩展到数据中心、看板、移动应用等。通常企业还会考虑设备、能耗、环境的综合管理，进一步实现工厂互联，MES也是工厂互联的中心。

MES业务架构设计可参考下图。

X-Factory MES

上图所示的 MES 架构解决了 3C 行业产品组装过程中制程防错、防漏站、防跳站的难题，实现了对关键物料及批次物料的条码管控，对原材料检验、产品生产过程中的测试和不良原因都做了管理，以便进行质量改善，进行相应的缺陷分析等；同时，一款产品生产完成交付到客户手上，如果客户发现问题，还可以通过 MES 实现产品生产过程的追溯，在人、机、料、法、环中寻找问题和原因，从而实现制造水平的改善。

5.2.4 企业 MES 案例一（发动机再制造装配企业）

发动机再制造行业特点如下。

一、行业概况

发动机再制造行业在欧美有 50 年的历史，并不是一个新兴产业，有着系统、完善的再制造工艺流程。国内汽车市场逐步扩大，但是再制造行业刚刚起步。节能环保问题已经成为全人类共同关注的问题，汽车报废，原材料造成污染的情况日趋严重。一辆汽车上可回收的原材料约有 90%，主要是钢铁、有色金属。将回收的资源再加工的成本只有新成品成本的 50%，节能 60%，有着深厚的市场潜力。

二、再制造技术

汽车发动机再制造技术也是发动机专业修复技术，能使再制造的机器尽量接近新机器的性能水平。发动机再制造的过程包括发动机回收、拆解、清洗、检测、加工、组装、检验、调试，所有核心部件的技术标准都与原厂标准相同，以使机器恢复到原机器水平。

三、再制造企业管理现状

我国汽车工业发展起步晚、基础弱，汽车回收技术相当落后，回收行业比较混乱，再制造行业起步晚，管理松散，技术水平参差不齐，技术人员和研发管理能力不一，不仅需要专业检测设备、生产设备，还需要完善行业管理规范，以及供应链上下游的整合，提高信息化管理水平，实现再制造企业由传统制造企业向数字化制造、智能制造的发展。

四、发动机数字化建设与 MES 应用

发动机再制造工艺包括发动机回收、拆解、清洗、分类、检测、入库、产线装配（内装、外装）、整机测试、贴铭牌、装箱、销售、售后等。典型工艺如下图所示。

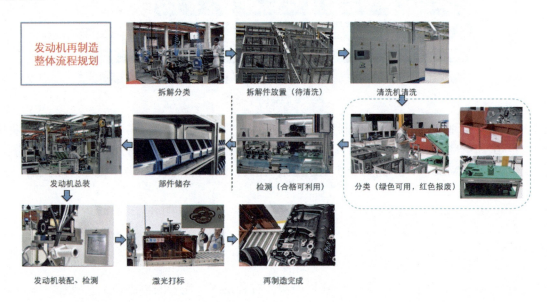

（1）发动机回收。

从客户手中回收发动机时，需要评估发动机性能。

（2）拆解、清洗、分类。

发动机拆解是将旧发动机全部拆解为零部件，然后将零部件进行分类：①完好的、可以直接利用的零部件，如进气管总成、排气管、油箱底壳等；②再制造件，就是可以通过加工恢复或升级的零部件，如缸体、连杆、曲轴、缸盖等再制造的核心零部件；③不可再利用件，如主轴瓦、气缸；④易损件，目前无法再利用，但可以进入再循环回收的零部件。

(3)再制造加工。

再制造加工指利用表面或先进加工工艺,或者通过常规热处理方法修复可再制造工件,甚至将其性能、尺寸等恢复到原标准要求。

(4)装配(内装、内装检验、外装、外装检验)。

装配过程是将合格的零部件与新配件,按照产品工艺流程重新组装,记录零部件的批次、图号,通过装机单记录相关组装及检验的数据,完成装配。

(5)整机测试。

测试的标准很严格,必须按照质量检验的标准进行测试,需要逐一检测,每一项都需要达标。

(6)喷涂和包装。

发动机喷涂及贴铭牌,包装入库。

(7)发动机售后管理。

发动机出货给客户后,还需要进行售后及维护服务。

五、MES 部署及应用

在再制造行业数字化转型的过程中,MES 平台可以辅助构建制造管理统一平台,实现完整的工艺管控。

再制造 MES 功能地图如下图所示。

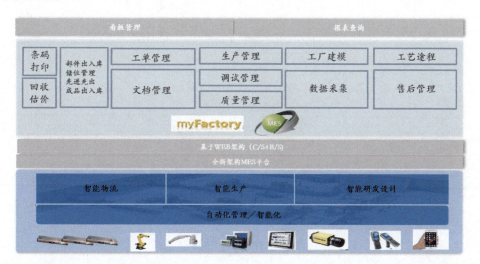

MES 实现再制造企业核心过程管控的方式如下图所示。

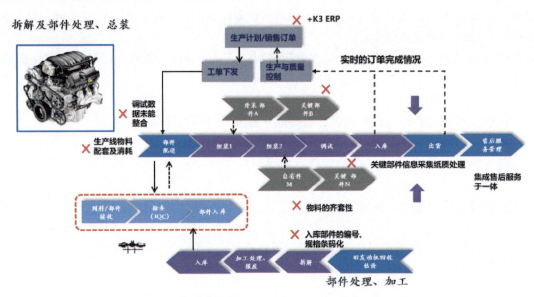

MES 重点功能和配置如下。
- 估价管理。
- 仓储管理。
- 发动机工艺流程。
- 工单管理。
- 检测管理。
- 备料管理。
- 包装管理。
- 售后管理。
- 追溯管理。
- 报表管理。

- 数据中心。
- 工业云。

硬件配置如下。

- 工业条码打印机。
- 工业平板电脑。
- 扫描器。
- 服务器。
- 工业网络。
- 拼接屏、PC 等。

MES 项目实施简介如下。

- 工厂信息：原材料仓 1 个、成品仓 1 个，装配线 4 条。
- 实施功能：工厂建模、原材料出入库管理、成品出入库管理、工艺管理、物料管理、生产管理、质量管理、设备管理、调试管理、预警管理、看板管理、售后服务。
- 周期：4 个月。
- 实施效果：初步实现了再制造数字化平台建设，制造过程可控、透明化，产品质量管理得到了规范，返修率降低，同时引入了发动机大数据的收集和分析，与工业云进行了对接。

发动机工艺维护如下图所示。

发动机工序如下图所示。

发动机装配不良原因维护如下图所示。

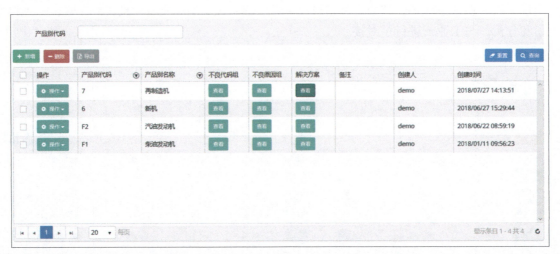

产品基础资料、产品 BOM、工序 BOM 如下图所示。

装配制程防错、防漏、顺序管控如下图所示。

发动机生产工单开立如下图所示。

发动机生产现场数据采集如下页图所示。

发动机图纸管理如下图所示。

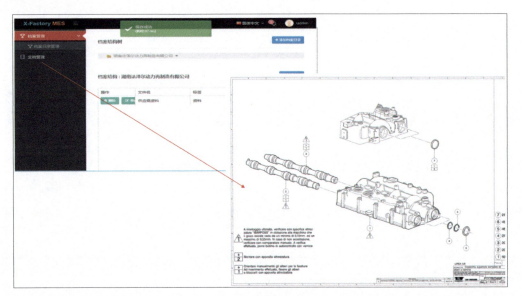

发动机机改处理如下图所示。

仓储管理如下图所示。

发动机追溯管理如下图所示。

生产过程	上料信息	产品序列号	工单代码	工单明细	产品料号	生产状态	车间代码	生产线	资源
查看	查看	1810Q29077L	1682	查看	6.02.04.0001	良品	C01-总装车间	C0101-一线	G0104-一

1682	100	G01	FD180320	1	上料	1.01.02.0061	机体4110	单件管控

发动机检测数据如下图所示。

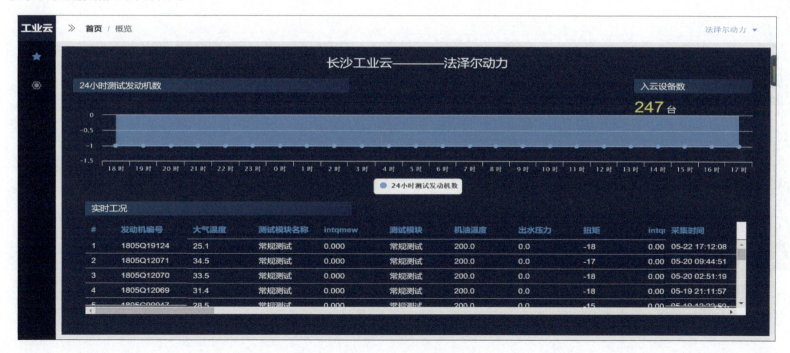

设备详情查询如下图所示。

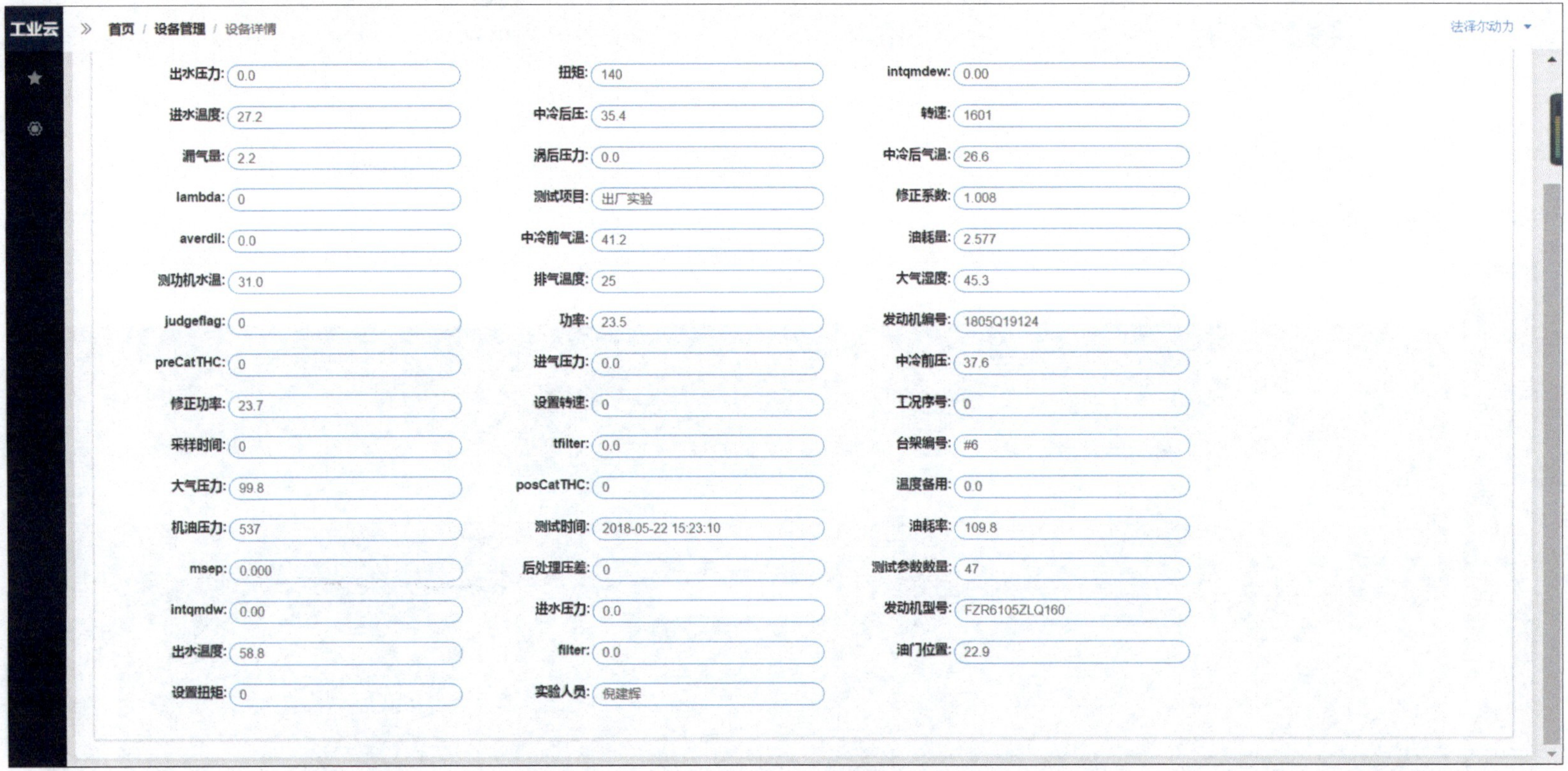

MES 企业应用场景如下页图所示。

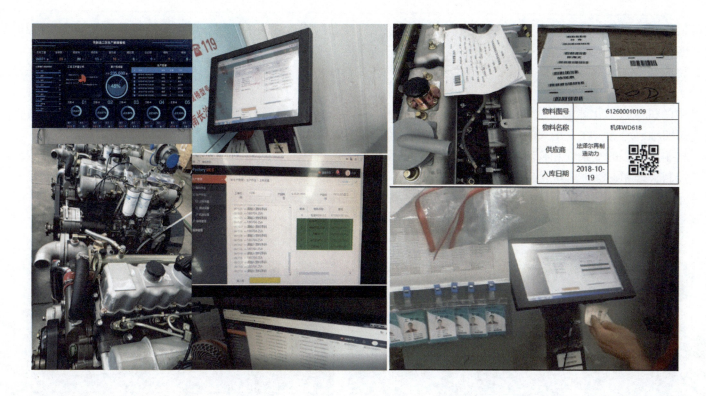

5.2.5 企业 MES 案例二（电子组装企业）

在制造业领域，3C 产品已经占据了很大一部分份额，随着智能电子产品的不断增加，这部分份额还在不断增长。3C 设备 2020 年增量市场空间超过 6900 亿元。

3C 产品更新速度快，使 3C 制造企业需要及时建设新的生产线，从而产生对 3C 制造设备的新需求，新生产线的设备投资额将占总体投资额的 50% 以上。在产品的智能化和设备升级的同时，对数字化车间、数字化工厂的转型和建设需求也同步增大。

通过供应链管理、产品研发设计、智能化生产线、信息系统实现产品制造过程的可视化管理，提高良品率，减少污染和浪费，是3C制造企业的智能化改造方向。

近年来，智能制造、工业4.0等概念已经渗透在了制造业的各大行业中。手机制造业作为劳动密集型的电子行业的代表，更是一马当先。

手机生产中的机械自动化能够完成的工作包括抛光打磨、喷涂组装、点胶冲压、注塑成型、视觉检测、分拣装箱、撕膜系统、激光塑料焊接、高速四轴码垛等；在真正人的工作，如组装检测方面，渗透率最低。

考虑到手机制造流程的复杂性和物料的多样性，对制造过程控制、质量管理和产品追溯的要求很高。构建MES可以实现物料批次管控、产品工艺控制、产品追溯、质量管理、漏站和跳站处理等，与检测设备数据整合，打造企业制造运营数字化平台。

手机组装企业制造流程包括原材料检验和出入库、PCBA贴装、软件写入、组装、外观检测、打螺丝、耦合测试、贴标、入网许可、QA、包装等环节。

SMT贴片车间

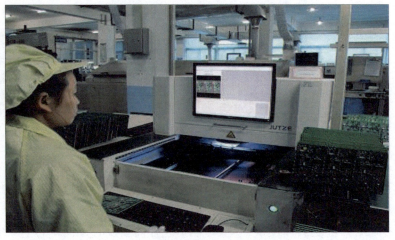

AOI光学检测

手机测试车间

外观检测

手机制造企业部署 MES，首先要熟悉手机制造的工艺和流程管控要求。以下是手机制造的工艺和流程示例。

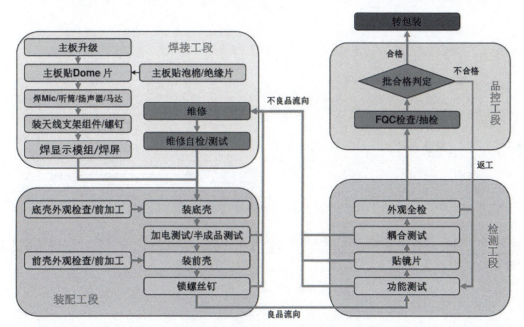

手机制造过程中的质量管理要求与规范，如下图所示。

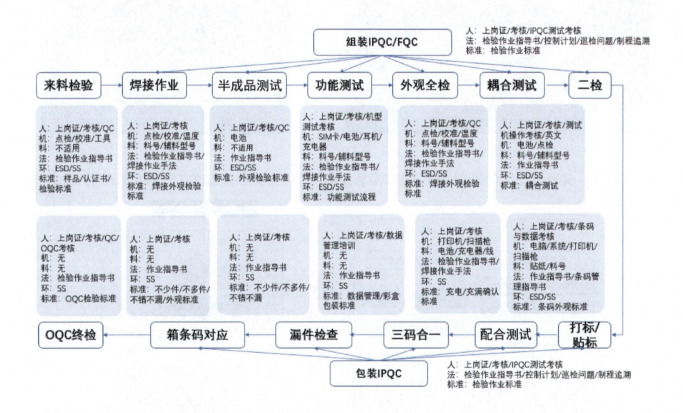

手机制造企业在 MES 规划的过程中，首先要考虑使系统符合 3C 行业的特点。MES 具备行业的应用模型，有较高的匹配性，会大大降低实施的成本和风险，同时系统的数据量非常巨大，需要稳定的性能和高可用性。

MES 规划的总体架构如下图所示。

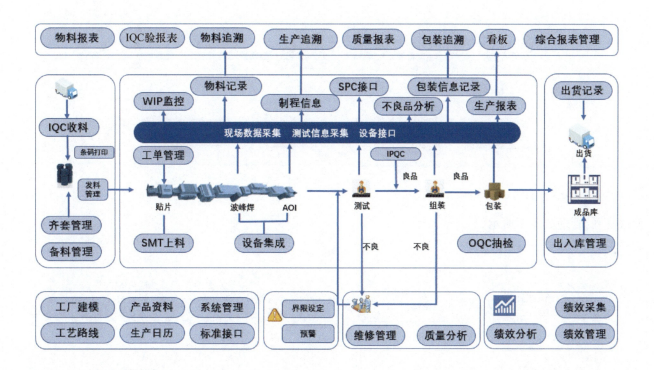

手机制造过程中的数据采集如下页图所示。

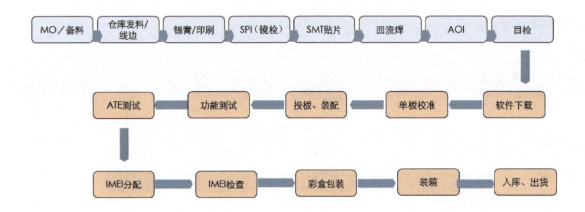

注：IMEI 为国际移动设备识别码。

手机写号在 MES 中的管理如下图所示。

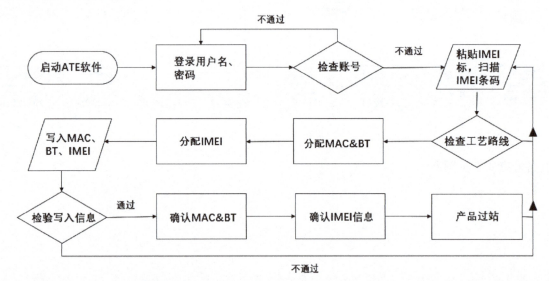

手机制造过程中的 ATE（自动化测试）集成应用如下图所示。

MES 在手机制造行业的应用包括 SMT 管理、物流管理、外协管理、生产管理、测试管理、质量管理、包装管理、预警管理、条码打印、工厂互联等。

SMT 上料表管理如下图所示。

SMT 机台管理如下页图所示。

飞达（Feeder）管理如下图所示。

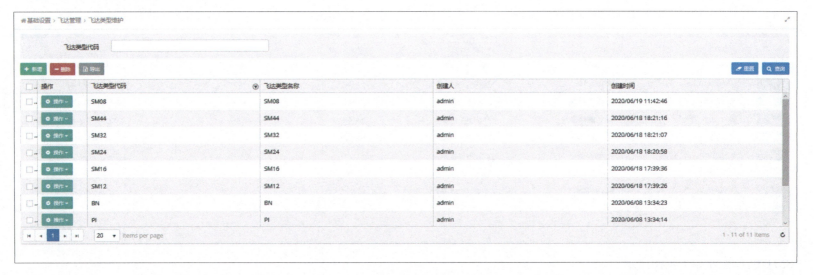

SMT 采集如下图所示。

锡膏管理如下图所示。

组装、测试段投入，如下图所示。

维修作业如下图所示。

包装作业如下图所示。

MES 工单追溯如下图所示。

生产过程查询如下图所示。

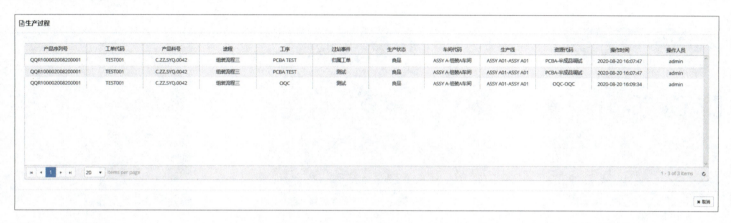

维修查询如下图所示。

应用 MES 的设备及场景如下图所示。

SMT贴片编码

FEEDER编码

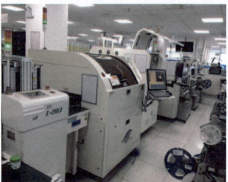

SMT线边管理

亮灯拣选

上料作业

物料规范化

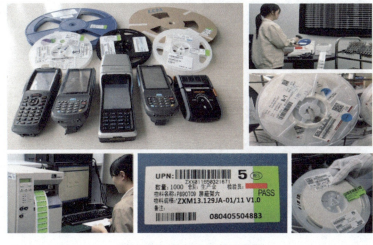

应用MES的相关设备及场景

数据采集设备及料盘

MES在工厂中的应用（组装、测试、包装作业），如下图所示。

MES在工厂中的应用

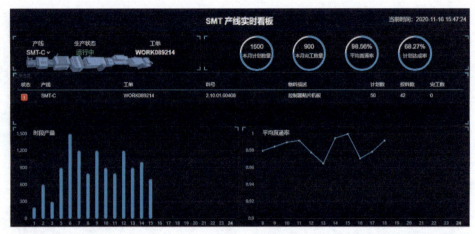

车间产线看板

质量数据采集工位如下图所示。

5.3 企业MES应用效益

在许多工厂中,全厂的管理仍然由人工操控,导致生产效率低、反应慢、容易出错。随着制造企业对精益制造、柔性生产的日益重视,MES制造执行系统需求呈快速增长态势。企业通过实施MES,可以得到以下改善并获得效益。

(1)降低不良率,改善品质管理。实时现场信息收集与分析,有助于实时了解问题发生的原因并立即改正,降低不良率;全面、准确的数据,能使质量管控、项目推进有的放矢,促使质量事件、质量成本、缺陷定位与改善、质量标准制订等方面的管理水平稳步提升。

(2)防错、纠错,降低生产过程中的错误率,柔性制造。关键工位操作员工考核上岗,系统记录考勤;备料或组装工序,通过系统的实时过程监控和指导,自动防错、纠错;支持同一生产线上不同型号的产品同时生产(混流生产),支持多品种、小批量的柔性生产模式。

(3)保证现场的整洁。按需适时定点进行物料配送,使生产线现场的物料、在制品减少,现场整洁、干净。

(4)监控生产,全程追溯,体系管理。对供应商、批次、工位、操作工、产品/物料的信息进行关联记载,方便任意视角和环节的追溯,故障定位及责任界定明确。

(5)改善车间管理,企业整体响应速度提高。大量减少人工数据收集和统计造成的低效、差错、遗漏,车间管理时效性、针对性、效率大幅提升;制造执行过程透明化,使企业管理者能够准确、及时地了解车间作业情况,方便扁平化管理、快速反应。

综上所述,可以看出,中小型企业应用MES可以提高20%的人工绩效,缩短80%的试产磨合期,缩短25%的生产周期,减少70%的质量过失,降低12%的库存,减少80%的过失文档工作,使数据完整性提高到95%以上,使产品品质在线报告的实时性提高到99%,使各过程的统计和记录工作减少80%,由人工统计转向实时获取等。

某知名日本企业MES应用的效益评估如下表所示。

应用MES前后的状况及其带来的效益分析

优化层面	优化前	优化后	有形效益	无形效益
计划管理	印字器、墨盒生产计划手工编排,工作量大,计划人员11人(一个厂)	系统按照一定逻辑进行初排,再进行手工调整	预计两厂减少计划人员2人,节约成本2人×4万×5年=40万元	数据更准确,计划执行结果反馈更及时
物流管理	主要依靠人工查询、分析、整理数据,物控文员8人	MES对仓库数据实时性的提升可大大缩短此部分数据统计的时间	预计两厂减少物控文员2人,节约成本2人×4万×5年=40万元	异常信息反馈更及时

续表

优化层面	优化前	优化后	有形效益	无形效益
仓库管理	人工盘点、跟踪料况	系统上线物料实时扣减,提供实时准确的库存信息,提高跟料效率	预计两厂减少物流文员6人,节约成本6人×4万×5年=120万元	投入低、见效快,库存数据更及时、准确
部品保证管理	IQC检验主要依靠人工记录,人工汇总周报、月报	MES采集数据,自动生成日、周、月报表	预计两厂减少报表文员2人,节约成本2人×4万×5年=40万元	信息共享、透明化,实时性高
品质保证管理	箱割(成品开箱检验)目前基本实现由QACS(成品抽检系统)进行数据采集	完善多维度报表分析,减少文员的数据收集与整理的工作量	预计两厂减少报表文员2人,节约成本2人×4万×5年=40万元	数据更及时、更准确
制造管理	生产进度、品质的数据收集与汇总主要依靠人工统计完成,物控文员原来是8人(每天共计使用41.3小时)	通过MES采集数据,自动产生汇总分析报表	预计两厂减少物控文员4人,节约成本4人×4万×5年=80万元	信息共享、透明化,数据更及时、更准确
设备管理	主要是人工记录设备档案、点检、保养、校验的信息,设备定期保养、校验无法自动提醒,容易遗漏	通过MES记录设备档案,记录点检、保养、校验的信息,自动提醒对设备进行定期保养、校验,防止遗漏	预计两厂减少物控人员1人,节约成本1人×4万×5年=20万元	形成信息化的设备档案,方便查阅、及时提醒,防止遗漏
模具管理	主要依靠Excel记录模具相关的数据。(1个月3天,相当于0.8小时/天,总计2.4小时/人天)	通过MES记录模具的相关数据,形成统一的数据库,查询、追踪、提醒更方便	预计两厂减少整理分析人员1人,节约成本1人×4万×5年=20万元	实现模具管理信息化,实现自动化预警,查询、分析更为方便和快捷
报表管理	大部分的统计分析报表是人工统计的,各部门存在重复统计、数据不准确的现象	通过MES构建统一的报表平台,数据更加准确、及时,实现数据的多维度分析	预计两厂减少报表汇总分析文员4人,节约成本4人×4万×5年=80万元	减少重复工作,提高效率,实现实时监控,提高管理水平

注:以5年作为投入与收益计算的时间周期。

第 6 章　MES 在高校教育中的实验与实训

近年来，随着智能制造的兴起和企业的不断实践，人才缺口相应增大，培养符合制造升级转型趋势的工业领域人才，迫在眉睫。高校需要从市场需求出发，有针对性地设计相应的专业及课程，建设新型配套的实验基地，以及搭建新型的实验环境，同时与外界的优秀企业建立长期的校企合作关系。

在工业软件领域，过去的教学和实践都比较浅，安排的课程课时比较少。对于智能制造、数字化工厂的核心工业软件 MES，我们应该加以重视，并逐步培养相应的应用型人才。

6.1　高校教育对人才的要求

自德国工业 4.0 提出以来，工业领域的高校教育人才成为重要课题。为了缩减我国经济与制造业水平与发达国家的差距，必须进行传统经济的转型和升级，打造中国工业 4.0 的版本，培养高校教育人才，而培养人才的主要途径是职业教育。让职业教育走出传统教育模式，探索适合当下和未来的职业教育模式和人才培养模式，是重中之重。

工业 4.0 是建立高度融合数字化、网络化与智能化的个性化生产与服务模式，其核心是智能工厂、智能生产与智能服务的深度融合。人才培养与工业革命深层耦合、联动发展，成为应对智能化工业时代的趋势，也是教育服务工业 4.0 时代必须直面的重要课题。下页图探讨了高校教育的发展方向和方法。

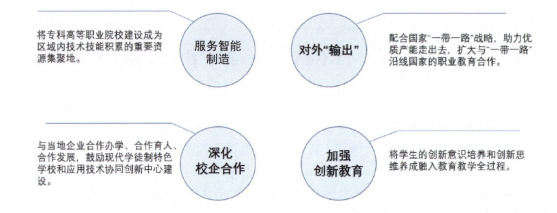

6.1.1 人才培养趋势

人才培养需要顺应时代，对培养方案或教育模式的改革，也与当下及未来面临的挑战相关。

在电气时代，大规模流水线生产成为主流，人才培养转向高度专业化的专才教育模式；在自动化时代，产业模式转向大规模定制和服务型制造，"互联网＋产业＋教育"跨界融合成为教育新生态，人才培养更加注重产教融合、科教融合、通专融合，大学教育重构知识传承（学）、产（研）、应用（产）深度融合的协同创新体，走向更加多样化、智能化和个性化时代，成为不可逆转的发展趋势。

为实现创新驱动，助力产业转型升级，职业教育、高等教育要主动变革，更新观念，创新模式，培养适应"工业 4.0"时代的创新人才，肩负起历史赋予高等教育的责任与使命。

6.1.2 人才的要求及培养方法

智能制造需要的人才，包括掌握核心技术的科研人员，精通经济运行规则的管理人才，以及一大批掌握现代生产制造技术的高技能人才。工业强国都是技术型人才大国，除了领先的制造技术、设备、材料等外，一支技术过硬的高素质技术型人才队伍也是它们成为工业强国的重要原因之一。人才培养可以从以下 3 点入手。

（1）职业教育人才的知识结构变化。对技术技能人员的知识结构提出"弹性"要求，即可以在多种技术模式下开展工作，懂得运用多种技术。这对人才知识的广度、创新性、复合性提出了更高的要求。

（2）职业教育人才的层次结构变化。在工业4.0的战略背景下，技术发展尖端化、集成化，更新速度加快，对技术技能人才的知识结构和层次的需求也有所升级。

（3）职业教育人才的类型需求变化。企业由生产型制造向服务型制造转变，生产制造环节的价值比重下降，研发、设计、安装、维护等服务环节的价值比重提升。未来需要大量的高端服务业从业人员从事智能制造的配套工作，这些工作涵盖售前服务、售中服务、售后服务。这些服务型人才是既懂专业技术，又懂营销、管理的高端复合型人才，需要通过职业教育加以培养。

在完善职业教育体系和标准体系的同时，从以下几方面进行革新。

（1）优化人才培养模式。新兴产业发展迅猛，职业教育人才培养仍滞后于产业转型升级，存在与新兴产业缺乏互动、与企业需求脱节、校企合作机制不完善等问题。职业教育人才培养需要拓宽视野，优化人才培养模式，实现人才培养与产业结构、企业需求的同步升级。

（2）打造专业与课程。职业院校需要开设一批与智能制造、工业机器人等新兴领域和技术密切相关的职业教育新专业或新专业方向，充分实现职业教育的专业与产业对接、课程内容与职业标准对接、教学过程与生产过程对接、学历证书与职业资格证书对接、职业教育与终身教育对接。

（3）开设专业相应的实训基地。实训基地包括学校内部的智能制造实训室、智能生产线、智能工厂等，通过实验、演示、模拟、实际操作，强化学生对软件、设备、工业技术的理解和对知识的掌握。此外，还需具备对口的新兴产业企业，作为稳定的进行交流和开展培训的实训基地。

6.2 MES工业软件在实验室的应用

实验实训环节，学生所需要掌握的知识难以和在工业企业实际应用的知识相当，因此，MES的应用和培训应侧重于结合实验室的智能制造生产线，对核心应用理念、技术、管理流程、系统核心功能进行近似于真实企业实践的模拟应用。部分环节甚至与工业企业的真实场景相同，这样就大大促进了学生对相关技术的掌握和认识，未来能更快速地融入企业中。

6.2.1 工业4.0、智能制造实训室建设背景

基于工业4.0、智能制造的教育人才培养，需要通过配套的实训体系，来完成专业技能的培养和实践，即引入企业典型制造流程和先进技术、设备，通过实训学习、研究，实现专业人才的养成。实验室和实训室的建设内容如下页图所示。

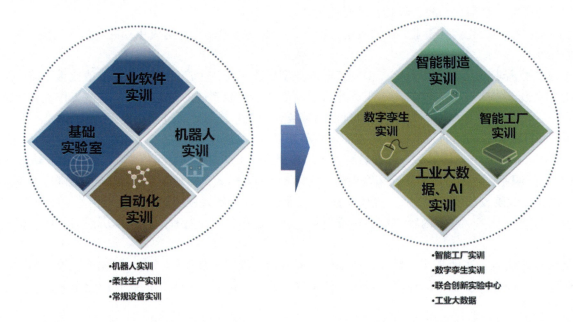

智能制造实训室大致包括基础类实验室（面向电气、机器人、自动化控制、生产技术、管理技术）、以应用为主的专业化实训室、机器人专业实训室、自动化实训室、智能工厂综合实训室，还有面向科研、产学研结合的高端实训室等。以智能工厂、智能制造为核心的实训室，融合了物联网技术、工业互联网技术、先进机器学习、智能感知技术等，与企业应用充分结合，以培养未来所需的工业技术人才和专业人才。

6.2.2　工业4.0实训室设计目标与原则

智能工厂方案具有鲜明的特色和先进性，建成后可提升学校的专业实力，有利于吸引更优秀的学生资源和教师队伍，可提升学校的整体"品牌形象"；涵盖了机器人、视觉系统、机械、电子、电气、自动化、控制、智能物流、计算机、软件、信息系统、统计、管理等多学科领域的知识，可作为学校跨专业的综合教学实训平台；既可以用于日常教学，也可用于参观演示，可使学生的能力与企业对智能制造人才的需求更好地衔接；实训的各个软、硬件模块具有良好的开放性，基于此平台，相关专业师生可进行更深入的自主科研工作。

6.2.3　工业 4.0 实训室设计内容

下面介绍一个工业 4.0 实训室的设计。该实训室由 1 个总控单元、10 个从控单元组成，采用模块化设计，既可单站控制，也可联机通信，是一个完整、灵活、模块化、易扩展的教学系统；从简单到复杂，从零部件到整机，充分体现了工业自动化相关技术，具有工业性、开放性、综合性、先进性、便捷性、安全性等产品特点；该系统可实现订单式"柔性"生产，按客户不同订单个性定制化生产。

该智能工厂的实训可以有效解决学生在校期间只能接触到理论教学和单元实验相结合的模式的问题。而在校外参观实习中，一些大型自动化设备无法动手操作，使理论教学与实践严重脱节。

该系统涵盖的实训课程与技术应用包括工业软件（如 MES、SCADA、WMS、ERP 等管理软件）、工业机器人技术、PLC 控制技术、总线技术、电气控制技术、气动技术、伺服控制技术、变频控制技术、电子技术、组装技术、运动控制技术、电机拖动技术、步进控制技术、组态技术、自动化仓储管理技术、智能物流管理、智能仪表控制技术、质量控制技术、以太网通信技术、能耗分析管理、云管理平台系统等。

该系统主要有以下几个特点。

- **模块化**：采用模块化设计，是一个易扩展的教学系统，可以通过模块化对典型自动化及数字化应用内容进行实训。
- **工业性**：产品配置的标准件均采用国际知名品牌（如瑞士 ABB 机器人、日本发那科机器人、西门子/三菱 PLC/HMI/伺服电机、SMC 气动元件和传感器等），非标件的加工和电气配线均符合工业标准，最大程度地缩短了与工业级设备的差距。
- **开放性**：产品开放电路气路配线、机械装调等功能，使学生可以真正实现动手实操。
- **综合性**：产品涵盖机械装设、气路搭建、电机驱动、传感检测、编程控制、总线通信、低压配电、人机交互等知识点，有效提高了学生的实训兴趣与实训效果。
- **平台化**：实训项目平台化，指在现有实训项目的基础上，将生产线作为实训平台，根据专业、教学需求，开发出更多的实训项目；管理系统平台化，自动化控制系统提供全开放的 PLC 程序，可提供给学生可自主开发的平台，实现产线的进一步优化、拓展等创新实训。订单管理、自动化管理、能耗管理系统都提供标准的智能接口与其他系统集成，构建起一个标准化的、开放的系统对接平台，可供学员进一步开发、扩展智能工厂的功能，提高智能水平。
- **可扩展性**：该系统由 10 个从控单元组成，每个单元可以作为独立的单站进行实训，也可以自由组合进行系统实训；由于每个独立的单元均具备 PLC 或机械手这样的智能设备，可通过更换实训对象进行实训的无限扩展。
- **先进性**：产品应用了近年新潮的工业自动化技术，六轴工业机器人、四轴工业机器人、视觉系统、输送链跟踪系统、RFID 物流系统、AGV 小车等，充分体现了本产品与现代技术的接轨。

6.2.4 以MES工业软件为核心的实训室设计

MES是整个工业4.0实训室的大脑。它应用了数据采集、控制检测仪器、机械手、AVG等，结合电气、机械自动化、工业工程等专业知识，对操作的内容进行设计，呈现了工业4.0核心思想，学生可以通过MES工业软件、传感器、电子标签、RF手持、机器人设备、视觉识别、立体仓库等模拟智能制造环节，熟悉原材料、数控加工、半成品、测试、产品组装、包装、入库的作业流程。

建成后的实训室不仅能满足校内学生实验、实训和实习的基本需要，还能够兼顾学生创新能力的培养，以及兼顾教师的科学研究需要，此外，还可以服务于社会，为其他院校、社会企业等机构提供工业4.0技术服务或相关的培训、考证服务。

下图所示为MES在智能生产线中的"两化"融合。

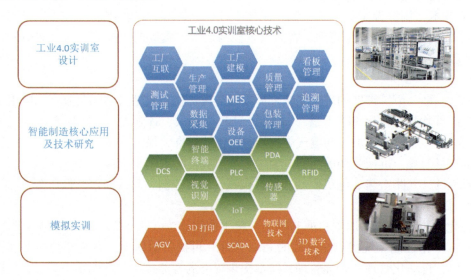

6.3 MES在实训室的应用及技能培养

本节将介绍实训室智能制造生产线结合MES的应用案例，从实训室设计理念、应用对象、组成单元、实验内容、课程安排等方面做详细说明。

以下是某院校的工业 4.0 实训室，以生产巧克力作为智能工厂设计主题。该实训室涵盖了从客户化定制、移动端下订单、订单排产、订单生产、原材料自动搬运，到分拣、视觉、过程中的 3D 打印，以及称重、包装和成品物流配送（AGV）等工序。

除了 MES 与自动化的高度融合以外，该实训室还应用了物联网技术，同时支持客户化定制，如巧克力的颜色和文字样式等。以下是实训室的实景图。

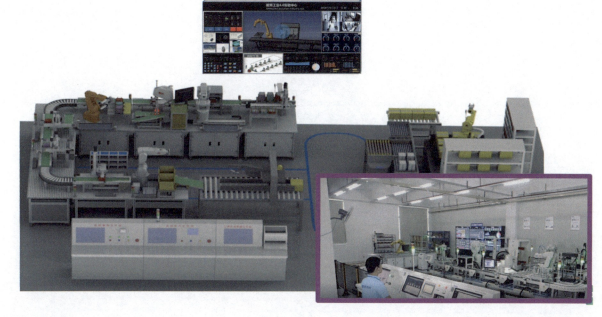

实训室单元包括以下内容。

- MES 涉及的单元包括订单管理、工艺工序、仓储、数据采集、检测、分拣及称重工序采集、包装及标签、入库、设备管理、数据中心。
- 物联网单元包括能耗、环境、设备信息采集、设备状态监控、AGV 轨迹及路线。
- 电气、自动化单元包括工业以太网、PLC 编程与控制、HMI 人机交互、传感器、视觉识别、RFID 和工业机器人。

实训室核心流程如下页图所示。

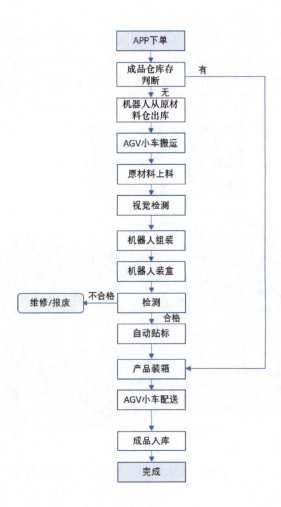

6.4　MES规划与应用

　　以 MES 制造执行系统为核心，实现产品制造过程的数字化、可视化、可追溯，同时与自动识别、视觉检测、机器人集成，实现产品生产过程的智能化和无人化，结合 3D 虚拟仿真技术和数字孪生技术，完成整个实训平台的建设和扩展，为学生培养提供工业级别的应用场景。下图是完整的实训室核心架构。

MES 模块应用包括工厂建模、产品信息、订单信息、工单管理、仓储管理、质量管理、包装管理、数据采集、PLC 集成、AGV 可视化、数据中心。

6.5　MES 教材、教学资源

配套的教材和教学资源也非常重要。例如，完善的 MES 辅导教材及实验指导书是实训的重要内容，学生可以通过实训手册、相关教材、视频等更容易地掌握实训内容，以及 MES 在实训中的应用。通过实训室还原企业的应用场景，学生可以更快速地掌握相关的知识、技能与技巧，更好地与企业实际应用相对接。

MES 实训指导书、指导手册，主要针对学校要开展的实验、实训内容，指导学生上机操作，在实训室内完成实训内容，达成实训目标，并最终形成实训报告，如下页图所示。

6.6 MES实训课程与教学目标概述

MES 是数字化制造、智能制造核心的制造过程管理平台，是工业 4.0 体系中非常重要的工业软件和管理技术，与众多学科和专业相关联，特别是计算机信息管理、电气自动化、机器人、工业工程等专业，与其密切相关。

MES 课程适合在大学三、四年级开设，或者在高职院校开设，课程包括 MES 理论、基础概念、管理技术及实验实训。

本课程的教学目标包括以下 3 个方面。

一、掌握 MES 基础概念、理论

了解 MES 的发展历史、行业应用，MES 在工业 4.0、智能工厂中的作用和地位，相关管理技术的价值。

二、MES 实务操作练习

借助 MES 软件平台，模拟数据，进行企业应用场景下的操作和练习，深入掌握相关的应用场景和技术，如生产数据采集、数据分析、生产过程控制等。

三、结合智能制造生产线实训

了解智能制造生产线设计理念及单元,掌握 MES 应用的主要流程和系统功能,能自行分析生产过程,更全面地掌握智能制造相关技术。

6.7　MES 课程内容

MES 课程内容需要根据专业的设置进行规划,以下是某机电学院针对 MES 开设的课程内容,包括 4 个部分,如下表所示。

MES 课程内容

序号	内容	课程内容简介	课程课时
1	MES 理论篇	工业 4.0 概念	1 课时
		智能工厂与智能制造	
		MES 历史与发展	
2	MES 基础篇	MES 架构与功能	1 课时
		MES 功能	2 课时
3	MES 实务篇	MES 在企业中的应用一	1 课时
		MES 在企业中的应用二	1 课时
4	MES 实训篇	MES 情景角色训练	8 课时
		工业 4.0 实验室(MES)	6 课时
		MES 试题理论(考核)	1 课时

其中第 1 部分需要了解及掌握,第 3 部分需要学会,第 4 部分需要实践并考核。

针对第 4 部分的实践,采取两种情景模式来进行实训。第一种,建立完整的数据,在此基础上操作重要功能模块,完成核心流程的业务处理,增进学生对概念的理解及对重要技术的掌握。第二种,在学校智能制造实际的生产线上,结合 MES 应用,完成相关的任务和实训内容,以便通过实际场景巩固相关学习成果。

MES 实训计划如下表所示。

MES 实训计划

序号	内容	实训模式1（分角色模拟）	实训模式2（实训室产线结合）
1	基础数据	√	√
2	工厂建模	√	√
3	工艺路线	√	√
4	生产管理	√	√
5	质量管理	√	√
6	测试管理	√	√
7	维修管理	√	√
8	返工管理	√	
9	数据采集	√	√
10	预警管理		√
11	看板管理		√
12	报表管理	√	√
13	网络下单		√
14	PLC集成		√

附　　录

附录1　MES工业软件功能说明（3C行业）

功能模块	功能	功能描述
产品维护	产品维护	导入ERP中的产品信息，并维护产生批工站、批量、联板数及箱号容量等
	产品工艺路线维护	维护产品的工艺路线
	产品生产BOM维护	导入ERP中的标准BOM信息，维护工序BOM相关信息
	产品别维护	维护产品别信息、不良代码、不良原因及解决方案信息
	序列号防呆例外设定	维护产品序列号的前缀和长度，在资料采集时达到防呆的目的
物料维护	解析方式和管控类型维护	导入ERP中的所有物料信息，并设定物料的解析方式及管控类型
	免检物料维护	根据供应商代码维护哪些物料是免检物料
工艺路线	工序维护	生产中的工序维护
	工艺路线维护	工艺路线及对应的工序列表维护
生产布局	车间维护	维护车间的相关信息
	工段维护	维护产线下各工段的相关信息
	生产线维护	维护产线的基础信息
	岗位资源维护	维护资源与产线的对应关系

续表

功能模块	功能	功能描述
生产时间	班制维护	维护产线生产中的班制信息
	班次维护	维护产线生产中的班次信息
	时段维护	维护班次对应的时段信息
系统管理	模块维护	对系统架构的大模块进行维护
	菜单维护	对系统架构的菜单进行维护
	参数组维护	对系统架构的参数组进行维护
	参数维护	对系统架构的参数进行维护
	用户组维护	对权限管理的用户组进行维护
	组织维护	对系统架构的工厂组织进行维护
	用户维护	对操作人员权限进行维护
	权限维护	对用户组及功能组进行关联维护
	功能组维护	维护功能组同模块的对应关系
报表管理	数据源—数据库维护	维护数据库
	数据源—数据查询维护	维护数据查询SQL，并选择显示栏位
	设计报表—报表样式设定	维护报表的不同显示样式
	设计报表—列表报表设计	设计一个列表报表格式
	设计报表—图形报表设计	设计一个图形报表格式
	设计报表—混合报表设计	设计列表和图形混合报表格式
	发布报表—报表结构维护	维护报表的显示菜单
	发布报表—发布报表	维护报表发布目录和用户权限等
	发布报表—上传报表文件	下载报表文件，后缀名为.rdlc，供再次发布使用
	订阅报表	维护报表的默认显示

续表

功能模块	功能	功能描述
物料检验类型和项目	检验类型维护	维护物料的检验类型
	检验项目维护	维护物料的检验项目
物料仓库和库位维护	库房维护	维护库房代码、描述、库别等相关信息
	库位维护	维护库房下库位的信息
IQC进料检验	入库单维护	从ERP中导入材料入库单,或者手工维护入库单
	IQC标准维护	维护AQL标准,包括批大小、样本数、判退数等
	生成并打印IQC送检单	根据入库单,产生IQC送检单,并打印和送检
	IQC检验结果维护	对送检物料进行检验,对送检单进行判定
	IQC入厂检验不合格率查询	IQC入厂检验不合格率汇总分析,用来显示和分析不同单位时间内,不同的汇总条件下的IQC入厂检验不合格率,并可做趋势分析
	绩效报表—IQC人员绩效统计	分析IQC人员绩效
物料管理	发料、移转单维护	物料转移单是在库房、线边仓、产线调拨物料的依据,一般从ERP导入,或者在MES中手工维护
	物料收料入库	对于检验合格的入库单,仓库进行收料入库,并产生批号或KeyParts唯一编号
	分批合批	对已产生的批次物料进行拆分或者合并
	物料转移	根据物料移转单、发料单对物料进行库房间的移转或发送物料到产线
	物料齐套检查—物料	从物料维度对物料进行齐套检验,可以一次对多个物料进行检验
	物料齐套检查—工单	通过所有下发或生产的工单对物料进行齐套检验
湿敏元件(MSD)管理	湿敏等级维护	维护湿敏物料的等级,包括有效车间寿命、干燥箱最小干燥时间、暴露时间
	物料湿敏等级匹配	维护物料对应的湿敏等级
	湿敏元件处理	对湿敏元件进行实际处理,如拆封、使用、干燥、烘烤等
	湿敏元件预警	对拆封使用的湿敏元件进行预警,当湿敏元件的剩余车间寿命为零时,系统会自动更新湿敏元件状态为超时
	湿敏元件信息查询	查询当前湿敏元件的状态
	湿敏元件历史信息查询	查询湿敏元件操作的历史记录

续表

功能模块	功能	功能描述
生产管理	工单管理	从 ERP 中导入工单信息，维护途程后下发工单，并控制工单状态
	实时工单投入产出查询	查询当前生产工单的投入数量和产出数量
	工单首检结果维护	维护工单首件检查结果
备料作业	岗位用料列表维护	对维护的批管控物料进行备料上料作业
	标签打印	打印 KeyParts 料序列号
数据采集作业	工单产生产品序列号并打印	根据工单产生产品序列号，并打印产品序列号
	上料采集	采集 KeyParts 序列号或者 Lot 料批号
	下料采集（拆解处理）	处理产品序列号与 KeyParts 料和 Lot 料之间的关系
	良品/不良品采集	采集产品在各工序的测试结果，如果是 NG，还要采集不良代码
	途程检查	根据产品序列号查询产品所处的位置，以及下一步应该进入哪个工序
包装作业	Carton 包装采集	建立包装箱号和产品序列号的关联关系
	Carton 移转采集	将产品从一个箱内移到另一个箱内
	PALLET 包装采集	建立栈板和包装箱箱号的关联关系
返工管理	返工来源维护	维护返工来源代码及描述等相关信息
	开立返工需求单	维护返工需求单、返工途程，下发返工需求单
	返工签核	对返工需求单进行签核处理
	资源关联返工需求单	将返工需求单关联到资源上（整合在生产布局之岗位资源维护）
维修作业	不良责任别维护	维护责任别代码/描述等相关信息
	不良解决方案维护	维护不良解决方案代码/描述等相关信息
	不良原因组维护	维护不良原因组代码/描述及对应的不良原因等相关信息
	不良原因维护	维护不良原因/描述等相关信息
	不良代码组维护	维护不良代码组/描述及对应的不良代码等相关信息
	不良代码维护	维护不良代码/描述等相关信息

续表

功能模块	功能	功能描述
维修作业	维修处理	记录维修过程中的详细信息
	维修完成	确认维修完成及选择回流途程、工序
	维修报废	对不能维修的产品进行系统内报废
	维修记录修改	修改错误的维修信息
	工序不良代码自动维护	某些工序上产生的某些不良代码不需要维修修理,直接回流到本工序再测试
OQC作业	检验类型维护	维护产品的检验类型
	检验项目维护	维护产品的检验项目
	OQC送检批维护	根据箱号产生OQC送检批
	FQC抽样计划	对一个抽检批维护抽检样本计划
	FQC数据采集	对抽检机器进行系统内作业
	FQC批处理	对批进行判定
	拆批	对一个批进行分解作业
	隔离	对不能确认判定批进行暂时的隔离
	OQC查询	查询批状态及序列号明细等
	取消隔离	对需要取消隔离的批进行取消隔离处理
	批隔离结果查询	对批的隔离结果进行查询
	序列号隔离结果查询	对序列号的隔离结果进行查询
	绩效报表—OQC人员绩效统计	分析OQC人员绩效
追溯/查询分析	产量报表查询—产量报表	产量汇总分析,用来显示和分析不同单位时间内,不同汇总条件下的产量,并可做趋势分析
	产量报表查询—单小时最高(平均)产量	在不同的时间,统计分析每小时最高(平均)产量
	产量报表查询—达成率	良率汇总分析,用来显示和分析不同单位时间内,不同汇总条件下的产出达成率,并可做趋势分析
	产品上料查询—产品批次上料明细查询	查询批管控上料明细相关信息
	产品上料查询—产品KeyParts上料明细查询	查询KeyParts上料明细相关信息

续表

功能模块	功能	功能描述
追溯/查询分析	维修信息查询—维修记录查询	查询维修记录
	维修信息查询—模块不良明细查询	给出了与不良、维修相关的所有详细信息，且在一个界面上展现
	维修信息查询—维修绩效查询	查询维修绩效
	维修信息查询—维修数据分析	使用柏拉图对维修数据进行分析，包含不良代码组、不良代码、不良原因组、不良原因、不良责任别等
	产品追溯—产品追溯查询	查询产品的生产过程信息
	产品追溯—序号转换查询	查询产品的转换信息
	物料追溯—物料追踪管理	查询物料上料到哪些产品上
	物料追溯—关键物料投入数量报表	查询关键物料的投入数量
	品质报表—直通率	直通率汇总分析，用来显示和分析不同单位时间内，不同汇总条件下的直通率，并可做趋势分析
	品质报表—不良原因直通率	不良原因直通率 = 1 – 不良产品数/产量
	品质报表—不良原因组分析	不良原因组分布分析
	品质报表—工序测试不良率	工序测试不良率汇总分析，用来显示和分析不同单位时间内，不同汇总条件下的工序测试不良率，并可做趋势分析
	品质报表—模块直通率	将各工序的良率相乘来计算直通率
	OQC抽检批明细查询	查询OQC抽检批明细
	OQC抽检样本明细查询	查询OQC抽检样本明细
	OQC批次合格率查询	OQC批次合格率汇总分析，用来显示和分析不同单位时间内，不同汇总条件下的OQC批次合格率，并可做趋势分析
	OQC抽样不合格率查询	OQC抽样不合格率汇总分析，用来显示和分析不同单位时间内，不同汇总条件下的OQC抽样不合格率，并可做趋势分析
	OQC缺陷类别分析查询	在不同汇总维度下汇总各缺陷类别的分布，并形成分布图
	OQC质量水平查询	通过公式来计算OQC抽检后的质量水平，进行不同时间单位的趋势分析
	包装明细查询	查询包装及所对应的产品明细

续表

功能模块	功能	功能描述
料站表管理	料站表查询	用户可以使用该功能查询或导入某产品在某产线的料站表资料
	料站表比对	查询料站表导入记录
	料站表导入Log查询	比对工单的发料资料与料站表资料，提出存在差异的数据及差异原因，供人工判别。可以避免因料站表资料未及时更新而导致操作异常，影响生产
Feeder管理	Feeder规格维护	维护Feeder规格的基本资料，便于在Feeder登记时指定Feeder规格
	Feeder登记	维护Feeder基本资料，Feeder领用功能采集
	Feeder领用管理	使用该功能中的领用模式可以领用Feeder到某张工单或产线下，便于SMT上料采集。在工单生产完成后，使用该功能中的退回模式，将Feeder退回到Feeder管理中心
	Feeder维护	Feeder使用过程中需要保养、校正等，此时可以使用该功能来记录作业信息
	Feeder作业查询	查询Feeder的领用、退回、维护保养记录
锡膏管理	锡膏管控标准资料维护	维护每种锡膏（以锡膏物料代码来区分每种锡膏）的标准资料，如回温时长、未开封时长、开封时长、有效期限
	锡膏类型与产品关联资料维护	维护不同类型的锡膏的产品代码，只有使用特定的产品代码才可以使用相应类型的锡膏，便于使用锡膏时进行防错检查
	锡膏登记	维护锡膏基本资料
	锡膏使用管理	完成所有与锡膏相关的业务操作，包括回温、领用、回存、用完、报废、开封、搅拌、转换工单。同时，在该界面还可以看到所有正被使用的锡膏的实时信息，包括当前状态、回温计时、未开封计时、开封计时等，系统还会针对达到开封或未开封时长的百分比的记录给出预警提示
	锡膏使用记录查询	查看锡膏的所有使用记录
钢板管理	钢板信息维护	建立钢板的基本资料
	钢板版本变更	更改钢板的版本
	钢板状态变更	启用/停用某些钢板
	钢板使用管理	适用于钢板的领用、退回等业务
	钢板使用记录查询	查询钢板的所有使用记录

续表

功能模块	功能	功能描述
上料管理	SMT上料	用于产线人员为在某条产线上生产的某张工单的各个机台站位采集上料信息。功能包括上料、换料/换Feeder、接料、退料、工单生效、工单失效、全部下料等
	SMT上料资料移转	当某条产线切换工单，且新旧工单对应的产品代码相同时，或者某工单切换产线，且新旧产线对应的机台站位布局相同时，为了避免新的工单重新领用Feeder和上料采集，可以使用该功能将旧工单和当前产线对应的上料资料及正被使用的Feeder和料卷资料移转到新工单上
	SMT上料记录查询	查询所有的上料信息，包括上料成功和不成功的信息
	料卷有效期设定	按照物料代码前缀设定料卷有效期
	工单备料	用来建立工单与料卷的关联关系，并进行有效期检查
	料卷点料退料	某工单生产完毕后，各个站位的上料资料全部下料，然后通过该功能盘点各个料卷实际剩余的物料数量，并将料卷脱离与原工单和产线的对应关系，便于在新的工单和产线下再次使用
	用量监控	监控登录产线上正在生产的工单对应的各站位料卷的消耗情况和Feeder使用情况，并提前发出警示
	工单领料查询	按工单查询物料领用情况
	工单物料消耗查询	查询某张工单的物料消耗情况，并通过计算得出人为抛料数据，便于业务改进
	设备抛料导入和查询	导入设备抛料资料，用来查询和计算人为抛料率
	SMT物料追溯	可以查询某些产品序列号使用的物料信息，比如物料代码、物料生产批号、物料生产日期、料卷编号；也可以根据物料的某些信息查询使用这些物料的产品资料
目标及产出管理	工单目标产量设置	设定某张工单在某条产线上每小时的产量，系统据此生成每个时段的目标产量信息
	工单产量查询	查询工单达成状况及各个时段的目标达成情况，如果未能达成目标，可以维护原因分析资料，便于查询分析
成品出入库作业	成品库房维护	维护所需要的库房代码、描述、库别等相关信息
	成品垛位维护	维护库房下垛位的信息
	出入库业务类型维护	维护产品的出入库业务类型
	账龄维护	维护账龄代码及起止天数信息
	库龄指标设定	维护库龄值等相关信息
	停发设定	将不允许发货的产品设定为暂时停发状态

续表

功能模块	功能	功能描述
成品出入库作业	解除停发	对已停发的产品进行解除停发操作
	停发明细查询	对停发的产品信息进行查询，供库房人员使用
	停发结果查询	查询停发通知单的相关信息
	出库单维护	维护出库单明细及对应的产品代码等相关信息
	生产性入库	对产线正常生产的产品进行入库
	非生产性入库	对非产线正常生产的产品进行入库
	栈板调整	对栈板及垛位进行变更和调整
	出库	对产品进行出库作业
设备管理	设备类型维护	维护设备的类别
	设备维修类型维护	维护设备维修的类型
	设备登记	维护设备的具体信息，如设备名称、品牌、厂商、联系人等
	设备处理	维护设备的状态，如开启、调入、调出、闲置、报废等
	设备维修	维护设备维修的基本资料，如故障现象、原因分析、解决措施等
	设备保养计划维护	根据设备编码、保养类型、保养内容来维护保养计划
	保养日志维护	查询和新增各设备的保养日志
	设备效率基础信息维护	维护设备在产线工序下计划工作的时长
	设备使用情况	根据设备编码和使用日期维护设备的工作情况
	设备保养自动提醒	根据设备的保养计划，自动提醒用户进行设备的保养
	设备效率分析	通过收集设备运行情况，对设备进行效率分析
绩效管理	维护产品排产工时	按产线维护产品的排产工时，为绩效管理提供基础数据
	班组维护	维护产线班组信息，为绩效管理提供基础数据

续表

功能模块	功能	功能描述
绩效管理	维护产线对应班组信息	维护产线对应班组、班次的信息,为绩效管理提供基础数据
	非直接人力维护	对非直接人力进行维护,为绩效管理提供基础数据
	异常事件代码维护	维护异常代码,便于统一分析
	生产异常事件维护	对生产过程中的异常信息进行维护
	损失工时分析	对损失工时进行分解、分析和维护
	人员上岗离岗	对产线实际作业人员进行上岗作业,为员工绩效分析提供基础数据
	班组上岗离岗	对整条产线上岗人员进行暂停、离岗管理
	绩效报表	平均单小时人均产量
		获得排产工时/(出勤工时 – 非生产性损失工时)
		非生产性损失分布分析
		查询生产绩效明细
		直接台耗工时=(出勤工时 – 非生产性损失工时)/折合产量
		工单完工数量/计划数量(百分比)
SPC管理	SPC管控项目维护	维护SPC的管控项目及其图标类型
	产品SPC测试项规格维护	维护管控项目的上下限
	SPC及CPK(过程能力指数)分析	显示Xbar-Rchart和正态分布图
	SPC测试数据导入	通过Excel文件接口导入测试资料到SPC系统
预警管理	预警信息处理	对预警项目进行维护,包括发送邮件、停线等
	预警项目维护	对预警信息的异常进行原因分析,形成解决对策
	预警Job	执行预先设定的预警项目

续表

功能模块	功能	功能描述
客退品管理（RMA）	客退品单据维护	人工维护客退品单据，内容包括产品别、产品代码、产品序列号、服务单号、客退品处理方式、保修期（月）
	客退品单据导入	提供批量导入的方式，把客退品单据导入MES中，用户可以下载客退品的Excel模板，填写完后即可导入
	客退品维修记录查询	对进行维修的客退品产品序列号进行追溯查询
	客退品维修资料统计	对进行维修的客退品产品序列号进行分析统计
	客退品不良品查询	分析不良品中客退品所占的比例
客退品管理（RMA）	客退品结案率	分析客退品单据各个状态的完成情况
	客户客退品件数与数量分布	分析客户客退品单据数、客退品总量及在前者所有客退品中所占的比例
	客退品返工记录查询	追溯客退品返工的序列号的生产信息
文档管理	文档目录维护	维护文档目录结构及权限，权限分为上传、审核、查阅的权限
	文件上传	在目录中上传文档，按照产品代码和工序维护上传
	文件审核	审核上传的文件，只有审核通过，才能给查阅的人查看
	文档查阅	对审核通过的文档，在线上进行下载、查阅
看板管理/数据中心	产线电子看板	产线电子看板部署在每个产线上（大线），显示当前产线的产量信息
	看板配置	配置车间看板的显示参数
	车间电子看板	车间看板需要根据设定显示不同的画面，并在不同画面间切换。目前主要包含3个主画面：车间概况，车间产量及直通率走势图，产线产量及直通率走势图
	数据中心	融合工厂能耗、环境、设备物联、生产、质量、预警、实时监控、工艺展示、经营动态、管理目标等的统一工厂指挥中心。如3D工厂、车间、产线生产工艺展示及数据同步等
设备连线	设备连线、对接	通过TCP/IP、PLC、RS-232、RS-485等协议，获取设备状态（停机、待机、运行、预警等状态，设备数据，如产量、温度、电流、重量等信息）； 进行专业设备的连线，如SMT生产线的SPI、贴片机、AOI、回流焊等设备的连线，尤其是贴片机，需要通过专业协议，获取机器打料以及抛料的准确数据，以便进行追溯和设备OEE分析； 常见的设备、仪器对接，获取测试设备的信息及结果，这些信息返回MES系统，成为产品履历的信息

注：以上参考BenQ、MINSUN MES相关功能设计。

附录2　术语解释

ERP：企业资源计划

APS：高级计划排程

SRM：供应商关系管理

MES：制造执行系统

BI：商业智能

CRM：客户关系管理

PLM：产品生命周期管理

CAD：计算机辅助设计

BOM：物料清单

SCADA：数据采集与监视控制系统

HMI：人机界面

PLC：可编程逻辑控制器

RFID：射频识别

CPS：信息物理系统

E-SOP：电子作业指导书

WIP：在制品管理

Kanban：看板管理

Big Data：大数据

SCM：供应链管理

Andon：安灯管理

SPC：统计过程控制

ATE：自动化测试设备

RMA：客退品管理

SMT：表面贴装技术

CPK：过程能力指数
Key Parts：关键物料或部件
PALLET：托盘
Carton：包装盒
AQL：品质标准（接收质量限），抽样标准

参考文献

【1】IBM 商业价值研究院. 物联网+不容错过的商业与职业机会 [M]. 北京：人民东方出版社，2016.
【2】卢舜年，邹坤霖. 供应链管理的第一本书 [M]. 广州：广东经济出版社，2003.
【3】水木然. 工业 4.0 大革命 [M]. 北京：电子工业出版社，2015.
【4】王爱民. 制造执行系统（MES）实现原理与技术 [M]. 北京：北京理工大学出版社，2014.
【5】工业 4.0 研究院. http://www.innobase.cn/。
【6】柯裕根，雷纳尔·戴森罗特. HYDRA 制造执行系统指南——完美的 MES 解决方案 [M]. 沈斌，王家海，等译. 北京：电子工业出版社，2016.
【7】保罗·多尔蒂，詹姆斯·威尔逊. 机器与人：埃森哲论新人工智能 [M]. 赵亚男，译. 北京：中信出版社，2018.
【8】工信部装备司. 智能制造探索与实践 46 项试点示范项目汇编 [M]. 北京：电子工业出版社，2016.
【9】刘忠伟. 先进制造技术 [M]. 北京：电子工业出版社，2017.
【10】刘亚琼. 工业 4.0 背景下探索职业教育人才培养的新模式 [J]. 商情. 2015(29).